Retrouver Estelle

Éric Mouzin
avec Véronique de Bure

Retrouver Estelle

Stock

Couverture Atelier Didier Thimonier
Photo bande : © Éric Mouzin

ISBN 978-2-234-06348-8

À Lucie et Arthur, mes enfants dont je suis fier.

À Dominique, ma compagne, force de vie.

À Bruno, « frère d'armes ».

Au bureau de l'association, joyeux et créatif.

Aux adhérents de l'association, actifs et généreux, et à tous les inconnus dont le soutien, sous toutes les formes, a été le formidable carburant de ce combat.

« Les morts ne sont pas des absents, ils sont des invisibles. »

Saint Augustin

« Il avance pour ne pas tomber, comme un petit enfant sur sa première bicyclette. Il répète que sa fille est morte. "Penser qu'Estelle va ressortir comme ça, un jour, c'est se fabriquer des illusions qui vous placent dans l'attente et ne vous permettent pas d'agir pour faire bouger les choses." »

Christophe Boltanski,
Libération, 21/01/2007

Avertissement

Ce livre est un message d'amour à ma fille Estelle et à mes enfants Lucie et Arthur. Il ne s'agit pas de règlements de comptes ni d'attaques contre les personnes et les institutions, mais seulement de mon ressenti. Je me suis efforcé de ne pas émettre de jugement, étant dans l'incertitude depuis huit ans.

Je ne suis pas celui qui a enlevé Estelle.

Cette affirmation peut paraître surprenante, mais elle est pour moi indispensable. Je veux effacer la période de suspicion des enquêteurs. Je veux effacer les commentaires idiots qui ont suivi la diffusion du portrait-robot de celui qui avait peut-être cherché à enlever une autre petite fille à Guermantes. Je veux que tous comprennent la légitimité de mon action. Je veux que l'on entende ce que j'ai à dire. Ce qui s'est passé. Ce que j'ai ressenti. Je veux que l'on sache le combat que j'ai mené, que nous avons mené, avec l'association Estelle, pendant toutes ces années, parfois jusqu'à l'épuisement, sans résultat. Je veux dire combien un événement d'une telle violence peut faire basculer tous les acteurs dans une sorte de folie. Je veux que l'on sache les cinglés, les tordus. L'anéantissement, l'impuissance, l'incompréhension, le soupçon, les dysfonctionnements, la révolte, la colère. Dire aussi la vie qui doit reprendre, joyeuse, et le combat qui doit continuer, jusqu'au bout, jusqu'à la vérité.

Lorsque j'ai commencé à écrire, je voulais tout raconter. Sur un tableau Excel, j'ai commencé à tout mettre, pensant qu'il me suffirait de remplir une à une les cases de mon tableur pour remonter le temps. M'efforçant de classer, face à l'immensité de la tâche qui m'attendait, les petits cadres sur l'écran me rassuraient, et je les remplissais. Avec méthode, je faisais défiler le temps, je saisissais une date, le nom d'un lieu, d'une personne, un rendez-vous chez le juge, un autre à la DRPJ de Versailles, un entretien avec l'avocat, une rencontre, Philippe Val, Élisabeth Badinter, une juge, une autre juge, puis encore un autre juge, un ministre, un élément nouveau, une télé, une radio, une interview, un colloque, une marche à Guermantes... Quand je ne savais plus, je sautais une case, certain que les choses allaient me revenir, qu'il me suffirait de mettre un peu d'ordre dans mes affaires, dans

13

ma tête, dans mon ordinateur et dans mes papiers, l'histoire de quelques semaines tout au plus. 2003, 2004, 2005, 2006, 2007, 2008, 2009, 2010, sept ans, bientôt huit, avec, chaque début d'année, toujours cette date, 9 janvier, un anniversaire sans gâteau ni bougies, que j'encaisse comme un coup de poing dans le ventre.

Bientôt huit ans que je n'ai plus de nouvelles. Huit ans que je ne sais pas ce qui est arrivé à Estelle, ma petite fille de neuf ans. Ma petite fille qui devrait avoir bientôt dix-sept ans et préparer son bac avec ses copines de lycée. Huit ans que je n'ai plus fait une seule vraie nuit de sommeil. Huit ans que chaque nuit, invariablement, je me réveille à 3 heures du matin. Huit ans que je me bats pour qu'on ne baisse pas les bras, pour que l'on ne close pas l'enquête, pour que l'on continue de chercher Estelle, de chercher la vérité : que s'est-il passé ce 9 janvier 2003 entre 18 h 30 et 18 h 45, après qu'Estelle eut dit au revoir à la dernière petite camarade qui faisait avec elle le chemin du retour de l'école ?

Tout dire. Pendant un an, j'ai noirci plus de deux cents pages de notes recopiées dans mon ordinateur en lignes serrées, enregistré des réflexions ou des pense-bêtes sur mon Dictaphone. Pendant un an, à la maison, j'ai rassemblé les courriers, les e-mails, les articles de presse, les cassettes vidéo, les DVD, les comptes rendus de mes réunions chez les juges, j'ai griffonné et dicté les souvenirs, d'un ton monocorde, m'interdisant toujours la moindre émotion. Une larme, une seule, et ce serait l'effondrement. La seule émotion que je m'autorise, c'est la colère. Une colère froide, une révolte calme. Le reste, je n'ai pas le droit. Pas le droit de flancher, de m'attendrir sur moi-même. Il y a tant à faire, encore. On ne peut à la fois faire et être. Depuis le premier jour, j'ai choisi de faire. Et j'ai étouffé l'être. Depuis le soir du 9 janvier, je ne suis plus.

Dans les notes que je prenais, je m'acharnais à être pointilleux, précis, synthétique, méthodique. Je suis expert en responsabilité civile, dans un cabinet d'expertise dont les clients sont les compagnies d'assurances. Je vais de dossier en dossier, de lieu en lieu, afin d'essayer de comprendre comment un sinistre s'est produit et de déterminer qui peut en être le responsable. La précision, le détail, l'observation froide, métallique, sans état d'âme, c'est mon métier.

Quand le moment est venu de rédiger vraiment, j'avais près de quatre cent mille signes dans mon ordinateur, un énorme classeur bleu, une quarantaine de cassettes, un tas d'articles de *Libé*, du *Parisien*, du *Monde*, du *Figaro*, de *L'Express*, du *Point*, du *Nouvel Obs*, de *Elle* et j'en oublie, sans compter la presse régionale et jusqu'à la moindre feuille de chou locale, de Guermantes et des environs, les dix-sept CD de la procédure, plus tout le reste. Pendant sept ans, j'avais accumulé les documents, écrits, radiophoniques et télévisuels, sans les ranger vraiment. Quand un journaliste m'envoyait une cassette ou un DVD, je le posais quelque part, sans réfléchir, sans le classer, et je décidais de l'oublier. Je faisais des petits tas, il y en avait dans le garage, il y en avait dans mon placard, sur les étagères, dans une chambre, un bureau… C'était plus fort que moi, je ne voulais pas mettre de l'ordre dans toutes ces traces, je ne le pouvais pas. Je ne sais toujours pas pourquoi. Pourtant, ces derniers mois, j'avais réussi. J'avais tout retrouvé. Tout réuni, trié, classé. Voilà. Et après ?

Que faire de tout cela ? Que faire de ces sept dernières années de ma vie ? Comment faire tenir tout cela dans un nombre de pages décent ? Pour la première fois, l'entreprise me sembla au-dessus de mes forces. J'allais capituler. Je n'y arriverais pas.

Je pensais trouver de l'aide dans l'étude du dossier de procédure. Ce dossier, je m'étais battu pendant des années pour l'obtenir. Avec l'aide de mon avocat, je l'avais enfin récupéré en 2008. Près de cinq ans après… Jusque-là, j'avais seulement eu le droit d'aller consulter les tout premiers procès-verbaux, accompagné de mon avocate de l'époque, en juillet 2003 au greffe du tribunal de Meaux. Et après, plus rien. La numérisation des PV avait pris des mois.

Tout se faisait avec des moyens artisanaux : petite photocopieuse, petit scanner, aucun équipement professionnel. Et quand, enfin, j'ai pu en enregistrer la copie sur mon ordinateur, je me suis heurté à un fatras illisible et désordonné. Tout m'apparaît mélangé, sens dessus dessous, des PV du mois de mars 2004 surgissent avant d'autres datés de janvier 2003, des documents se retrouvent la tête en bas, on ne peut effectuer de recherche automatique par date ou par nom, je suis perdu, je n'y comprends rien. Je navigue à l'aveugle. On m'a remis ça comme ça, on ne m'a rien expliqué, je n'ai pas le mode d'emploi.

Le livre que j'avais prévu d'écrire était impossible. J'avais imaginé un ouvrage qui, au final, risquait d'être aussi indigeste que le dossier de procédure, où le lecteur se serait perdu, et peut-être ennuyé. Un livre d'expert, avec les articles de presse, les lettres, mes analyses, mes pseudo-décryptages de citoyen blessé d'une société malade, avec ses fous, ses politiques inopérants, ses psychiatres impuissants, ses enquêteurs sans moyens, ses juges saturés, ses enfants vulnérables, ses parents dépassés, ses tribunaux engorgés, ses prisons barbares, sa justice qui dysfonctionne. J'avais même acheté l'ouvrage de Caroline Eliacheff et maître Soulez Larivière, intitulé *Le Temps des victimes*, scandalisé par une phrase qui m'avait heurté, « En paraphrasant Simone de Beauvoir, on pourrait dire qu'on ne naît

17

pas victime, on le devient », prêt à me lancer dans une longue et fastidieuse analyse d'un essai de trois cents pages. Le résultat d'un tel travail aurait été une somme d'informations et de réflexions dépourvue d'affects. En écrivant ainsi, j'allais, une fois de plus, céder à la facilité du « faire » pour éviter d'être. J'allais livrer quatre cents pages froides, à l'image du « robot » qu'on a dit que j'étais. D'un homme, pire, d'un père, sans sentiments. Et j'allais ennuyer tout le monde.

Alors j'ai refermé mon classeur, mis de côté mes dossiers et mes fichiers MP3, rangé mes vidéos et les articles de presse, et j'ai commencé à écrire. J'ai renoncé à mes cinquante chapitres, déjà datés, titrés et sous-titrés, précis, que je m'apprêtais à remplir méthodiquement. J'ai renoncé à trier, structurer, organiser. J'ai renoncé à ce travail un peu scolaire qui devait me mener du 29 décembre 2002, dernier jour où j'ai vu Estelle, à la fin de 2010. Et j'ai décidé de laisser venir les mots, comme ça, sans plan, sans cadre rassurant. De laisser mon seul ressenti me guider, et mes doigts courir librement sur le clavier pour me délivrer de ce trop-plein que j'avais laissé s'accumuler derrière ma carapace. Et alors, enfin, je crois que j'ai commencé à être.

Depuis huit ans, je suis en pilotage automatique. J'avance comme un automate. Je suis en surcharge. Surcharge d'émotions retenues, surcharge de colère rentrée, surcharge de non-dits, d'incompréhensions, de frustrations, de travail, de culpabilité. Je me sens responsable de tout : de la disparition d'Estelle, de mon échec, depuis huit ans, à découvrir la vérité ; je me sens coupable de ne toujours pas pouvoir dire aujourd'hui à mes parents, à Arthur, à Lucie, « Voilà ce qui s'est passé. Voilà ce qui est arrivé à votre petite-fille, à votre petite sœur. » Je me sens responsable de ne plus savoir parler normalement à « l'autre Estelle », la fille de Dominique, ma compagne depuis près de neuf ans ; cette Estelle si fragile et si semblable à la mienne, si proche d'elle à l'époque où elles jouaient ensemble ; à neuf ans, on aurait dit deux jumelles tant elles se ressemblaient. L'autre Estelle qui, elle, a grandi avec moi. Estelle qui ne me parle pas, qui ne m'aime pas. Me déteste, peut-être. Celle que je dois élever comme ma fille. Celle à qui, chaque jour depuis plus de sept ans, je dois dire, sans trembler, « Estelle, à table », la voix ferme, autoritaire, trop sans doute, parce que l'appeler avec douceur m'est impossible. Parce que sa présence me renvoie à l'absente. Parce qu'elle s'appelle Estelle et qu'elle n'y peut rien. L'autre Estelle à qui ceux qui téléphonaient à la maison, les premiers jours, demandaient « Qui est à l'appareil ? » et qui répondait « C'est Estelle », et à qui l'on disait alors « Ah, mais alors, tu es revenue ? » Cette Estelle qui a dû se construire avec ça. J'ai compris que ce n'est pas elle qui est insupportable, c'est le regard que, depuis plus de sept ans, je porte sur elle.

Je me sens responsable de tout, et de tous. Responsable de la non-élucidation de la disparition d'une Estelle et de la dérive d'une autre. Responsable de n'être pas parvenu à faire bouger les choses. Responsable de me démener depuis si longtemps pour rien. Ou si peu. Responsable de tous ceux qui souffrent parce que, justement, rien n'a changé, et que des enfants continuent de disparaître. Responsable face à ces parents affolés qui ne savent pas vers qui se tourner. Alors c'est moi qu'ils appellent. Je suis devenu un peu Monsieur Disparitions. Et je leur réponds. Comme ce dimanche soir à la maison. J'étais fatigué, je m'étais accordé un peu de repos. Je m'étais allongé et endormi, lorsque la sonnerie du téléphone m'a brutalement réveillé. Le numéro qui s'affiche est celui d'un collègue de bureau. Je stresse, je me sens pris en faute, je sais que je suis en retard sur un dossier, il m'appelle pour me dire d'activer, qu'il faut rendre le rapport le 31 et on est déjà le 21, je ne suis pas prêt… Mais non, il ne s'agit pas d'un problème de bureau. C'est pire : il me signale la disparition inquiétante du fils d'amis à lui, un garçon de vingt-deux ans. Que doivent-ils faire ? Peuvent-ils m'appeler maintenant ?

C'est comme ça. Je l'ai voulu. À force d'apparaître comme Monsieur Disparitions, c'est normal que je paie le ticket après. Alors que je suis à la maison en train de dormir, épuisé par une semaine et un samedi de travail, d'un coup on me renvoie à ça. D'un coup, je me retrouve à parler de ça à des gens que je ne connais pas, des gens en détresse qui me demandent, « Qu'est-ce qu'on doit faire ? » C'est dans ces moments que l'on ressent avec le plus d'acuité le manque de structures destinées aux familles en cas de disparition. Il n'existe pas de réponse, pas d'organisme, il n'y a rien. Alors je me suis assis face à mon ordinateur, et je leur ai rédigé un mail. Que puis-je faire d'autre ? Juste quelques conseils dictés par mon expérience.

« Ne collez pas les affiches vous-mêmes, les conséquences sont très lourdes. » Je l'avais fait, moi, et c'était de la folie. Une erreur. Imaginez-vous dehors à coller une affiche avec la photo de votre enfant… Vous ne pourrez pas vous en remettre. Le visage de votre enfant sur l'Abribus à côté du chat perdu…

« Mettez une photo parlante » : une photo d'identité, qui permet d'être reconnu, bien de face, sobre, pas en train de faire des mines, pas une photo Facebook…

« Demandez à voir les avis de recherche sur le fichier des personnes recherchées » : ce n'est pas parce que, au commissariat, on vous a dit que ç'avait été fait qu'il ne faut pas s'en assurer.

« Essayez de sympathiser avec un policier qui sera votre contact » : ça, je ne l'avais pas fait, mais dans mon cas c'était un peu compliqué…

Ensuite, j'ai envoyé des mails. Un à l'OCRVP[1], un à Jean-Yves Bonnissant, de Manu Association, qui s'occupe des fugues des ados et des disparitions (beaucoup d'Alzheimer, ils partent chercher le pain et ne reviennent jamais…).

Parfois, je me dis que tout cela ne sert à rien. Que je devrais tout arrêter. Reprendre une vie nor-

---

1. OCRVP : Office central pour la répression des violences aux personnes.

male. Une vie égoïste et bien tranquille. Mais tant qu'aucune structure réellement efficace et connue du grand public n'existe, qui va leur répondre, à ces gens-là ? Alors on appelle M. Mouzin. Lui, il répond toujours.

Ce sont sans cesse les mêmes demandes : « Monsieur Mouzin, que pouvons-nous faire ? » Je les écoute, je les aide comme je peux, je passe des coups de téléphone aux associations concernées, fais jouer mes réseaux. Je rédige des mails, des courriers, je m'efforce de les guider dans leurs démarches. Comme si l'inertie des pouvoirs publics, la lenteur de la justice, le manque de moyens des policiers et des enquêteurs, l'absence persistante de structures d'accueil et d'informations pour les familles, tout cela était un peu ma faute.

« Regarde-moi dans les yeux et dis-moi que ce n'est pas toi qui as enlevé Estelle. »

Je ne réponds pas. Depuis huit ans que mon ex-épouse me pose cette question surréaliste, je refuse de répondre. Lui donner une réponse, quelle qu'elle soit, d'une part reviendrait à rentrer dans son jeu et d'autre part serait parfaitement inutile, cette seule question prouvant qu'elle n'a pas confiance en moi. Comment alors pourrait-elle me croire si je lui affirme que, non, je n'ai pas enlevé Estelle ? Donc je me tais.

Nos relations sont exécrables. Elles l'étaient déjà avant qu'Estelle disparaisse. Nous étions en pleine procédure de divorce et les choses se passaient mal. Depuis qu'elle m'avait invité à quitter le domicile, je n'avais qu'une idée : vite organiser ma vie de sorte que, le plus rapidement possible, Estelle puisse venir vivre avec Arthur et moi. Quand Estelle était à la maison, je lui consacrais tout mon temps. Elle en profitait, me faisait tourner en bourrique, mais ça m'était égal. Quand elle était chez sa mère à Guermantes, je l'appelais deux fois par jour ; elle savait que c'était moi, c'était toujours elle qui répondait. J'avais le sentiment que mon enfant m'avait été arrachée. J'ignorais qu'elle me le serait une seconde fois, définitivement.

La dernière fois que j'ai entendu sa voix, c'était le 8 janvier, un mercredi matin.

Aujourd'hui, le temps s'est bloqué sur le dernier regard d'Estelle, celui que, un peu gênée, elle m'avait adressé à travers la vitre de la voiture de sa mère, qui la ramenait à Guermantes après une semaine de vacances passée ensemble dans le désert algérien. C'était un dimanche, le 29 décembre 2002. Depuis, Estelle a cessé de grandir. Je me souviens qu'il avait neigé. Il y avait de la gadoue dans les rues et sur les trottoirs. La mère d'Estelle avait profité de ce trajet jusqu'à chez moi pour me restituer quelques affaires qui se trouvaient encore à Guermantes. Elle avait ouvert le coffre et avait tout déposé sur le trottoir, comme ça, dans la gadoue. Celui qui m'avait remplacé, et pour lequel elle m'avait mis à la porte de chez nous, allemand comme elle, l'accompagnait. Lorsque la voiture, contrainte de faire demi-tour pour repartir, était repassée devant moi, Estelle me regardait. Un regard clair et sérieux. Ce serait le dernier. Dans ma mémoire, ce regard derrière la vitre embuée s'est prolongé très longtemps, alors que, dans la réalité, il n'a dû durer que quelques secondes.

Quand sa mère m'a appelé pour me dire qu'elle n'était pas rentrée de l'école, je me souviens très exactement de ce que j'ai ressenti. L'impression que ma colonne vertébrale venait de se transformer en un bloc de glace. Et, immédiatement, cette évidence : Estelle a été enlevée.

J'étais chez moi, au Vésinet, quand elle m'a annoncé ça. J'ai réfléchi très vite. Il avait neigé, il gelait dehors, les routes allaient être verglacées, les bouchons habituels seraient aggravés par les conditions météo, partir aussitôt pour Guermantes ne servirait à rien. J'ai appelé un ami policier, je lui ai demandé de se rapprocher de ses collègues du commissariat de Lagny, dont dépend Guermantes. Puis, vers 22 heures, ne sachant que faire d'autre, j'ai pris ma voiture et je suis parti.

Quand je suis arrivé à Guermantes, des sapeurs-pompiers rangeaient leur matériel après avoir essayé de sonder l'eau recouverte de glace d'un déversoir d'orage proche du cimetière. Je me rappelle être monté dans un véhicule de la BAC[1] qui avait été appelé en renfort par le commissariat de Lagny, et nous avons parcouru les chemins gelés des environs. Sur ces chemins, qui avaient été un temps mes itinéraires de jogging, j'ai couru, avec ma lampe de poche ridicule, en appelant Estelle. Il faisait un froid terrible, mais je crois que j'aurais pu courir jusqu'à l'aube en hurlant son prénom. L'équipe de la BAC ne connaissait pas les lieux et ne disposait même pas d'un plan détaillé du secteur. Nous étions l'incarnation de l'inefficacité. Nous avons tourné en rond jusque vers 2 heures du matin, puis les policiers ont décidé de suspendre les recherches. Je me suis retrouvé seul dans ma voiture. Je ne me souviens pas comment je suis rentré à la maison. J'ai essayé de dormir auprès de Dominique. Je pleurais. Je donnais des coups de poing dans le matelas. J'avais conscience d'un univers en basculement.

C'était le jeudi 9 janvier 2003.

Depuis, plus rien.

---

1. BAC : Brigade anticriminalité.

Ils sont venus à quatre, le vendredi matin. Ils sont entrés dans ma maison sans brutalité, mais sans compassion ni prévenance particulières. J'étais un père dont l'enfant avait disparu, j'étais aussi – surtout ? – un père qui avait pu enlever son enfant. L'un d'eux se tenait près de la porte d'entrée, un autre ne me lâchait pas d'une semelle. Il ne s'agirait pas que je leur échappe. Ils m'ont posé des questions auxquelles je me suis efforcé de répondre du mieux possible. Je leur ai tout montré, du sous-sol au grenier, et la petite maison au fond du jardin. Je n'avais pas envie qu'ils reviennent. Je ne voulais pas qu'ils perdent leur temps avec moi. Je voulais qu'ils s'en aillent, vite, qu'ils se mettent au travail vraiment, qu'ils explorent toutes les pistes, tous les chemins, toutes les routes, tous les véhicules. Je voulais qu'ils retrouvent Estelle, et Estelle n'était pas chez moi.

Dans les jours qui suivraient, nous allions tous être entendus au commissariat de Lagny. La mère d'Estelle, Lucie et moi. On serait obligés de déballer nos vies, ils éplucheraient mes agendas, ma téléphonie, mes carnets d'adresses. Tous seraient entendus, sauf un : l'ami allemand de mon ex-femme. Le commissariat ne disposait pas d'un interprète assermenté pour prendre sa déposition...

Lucie, le 11 janvier, 15 h 15 : « Ma petite sœur est quelqu'un d'assez craintif, qui a peur du noir à tel point qu'elle ne prend pas l'escalier de la maison s'il n'est pas éclairé. Je ne pense pas que, pour rentrer à la maison, elle puisse prendre un itinéraire non éclairé. Je ne crois pas qu'elle puisse monter avec quelqu'un qu'elle ne connaît pas en voiture. Si elle est montée avec quelqu'un, elle devait le connaître. [...] Je ne vois pas ma petite sœur partir seule faire une fugue. Elle est perdue sans ma mère et elle a peur du noir... »

J'ai un souvenir étrange et un peu flou de ces premières heures. Je suis tout le temps dehors, dans le froid, à courir avec les policiers, ou les gendarmes, ou les CRS, je ne sais plus, de toute façon je ne sais pas qui est qui, qui fait quoi. Alors je cours, je ne sais pas où ni pourquoi, mais je cours avec eux, je les suis partout, je ne tiens pas en place, je suis comme fou. Des battues sont organisées, environ deux cent cinquante hommes avec des chiens. Là encore, je suis avec eux à patauger dans la neige et la gadoue. J'essaie de me rendre utile, d'apporter ma connaissance du terrain. Un hélicoptère équipé d'une caméra thermique passe et repasse au-dessus de nous à la recherche de la chaleur d'un corps. Ils ont décidé de fouiller tous les points d'eau gelée. C'est un bazar terrible pour aller sonder les bassins de rétention d'orage et les bassins de régulation de collecte des eaux fluviales, ils sont mal entretenus, ils sont bouchés et remplis d'eau. L'eau a gelé, il faut la découper à la tronçonneuse... Après, il faut avancer en sondant la vase. Ça prend un temps fou. Ça fait de belles images aux informations. Et moi je me dis que ça ne sert à rien.

On perd du temps. Je ne pense qu'à ça, à ce temps perdu. Je suis sûr qu'Estelle est ailleurs. Je leur dis que tout ça ne sert à rien. Je connais ma fille. Estelle n'est pas une délurée. Je ne l'imagine pas aller faire l'idiote aux abords d'un point d'eau gelée, ce n'est pas son genre, pas à 7 heures du soir, pas la nuit, pas quand on est une petite fille frigorifiée, qui a peur du noir, et qui n'a qu'une seule envie, c'est de vite rentrer à la maison pour se mettre au chaud.

Je voulais qu'ils arrêtent de sonder ces fichus points d'eau. Pourtant, j'ai très vite compris que je devais me taire. Que plus j'allais leur suggérer quelque chose, moins ce serait suivi d'effet. Pire : si c'était moi qui leur suggérais d'arrêter de chercher ici ou là, je devenais suspect. D'où l'idée de m'installer avec eux dans une collaboration totale et sans réserve. Je leur ai dit : « Je vais tout vous donner, tout ce dont vous pourriez avoir besoin, tout. Il n'y aura rien de caché. Voilà. Prenez aussi mon Palm, copiez-le, vous avez tout dedans, vous avez les coordonnées de mon employeur, vous avez mon emploi du temps heure par heure, mes numéros de téléphone, de comptes bancaires, vous pouvez

33

appeler tous les numéros, demander où j'étais, ce que je faisais à tel moment précis de telle journée. » Surtout, qu'ils ne perdent pas de temps avec moi et qu'ils se consacrent à autre chose qu'à moi.

Aujourd'hui, je me dis que, peut-être, pendant ce temps que je jugeais perdu, leurs collègues, quelque part, suivaient d'autres pistes. Je ne le saurai jamais.

J'ai l'impression d'avoir passé les premiers jours et les premières nuits à courir dans la neige. Je ne sentais rien du tout. Je ne comprenais rien. De toute façon, je n'étais pas en état de comprendre quoi que ce soit. Les premiers jours, on ne pense pas, on ne réfléchit pas. On n'a pas d'espoir, pas de désespoir, rien. C'est un mélange de fébrilité, de frénésie, d'abattement et de sidération. Le désespoir vient après. Avec le vide.

Je retrouve mon audition au commissariat de Lagny, le 10 janvier 2003 à 20 h 05 :

« J'ai eu Estelle au téléphone mercredi 8 janvier 2003 en fin de matinée [...]. Elle m'a parlé de son cours de théâtre, et de l'école. Tout allait bien pour elle. Nous avons également parlé de la soirée de nouvel an que nous devions passer ensemble demain, le samedi 11 janvier [...]. Je suis convaincu qu'Estelle a été victime d'un enlèvement. Je suis certain qu'elle n'a pas fugué, qu'elle ne s'est pas perdue, qu'elle n'est pas chez une copine. Cela ne lui ressemble pas du tout.

– Quel était votre emploi du temps le soir du jeudi 9 janvier 2003 ?

– Je travaille dans un cabinet d'expertises qui se trouve à Levallois-Perret, rue Victor-Hugo. Jeudi soir, j'ai quitté mon lieu de travail vers 18 h 50. J'ai pris un train de banlieue qui m'a amené à

Nanterre-Université où j'ai retrouvé ma nouvelle compagne. En transport en commun, nous sommes rentrés ensemble au Vésinet, à notre domicile, où nous sommes arrivés vers 19 h 45. Ensuite, j'ai ramené la dame qui garde nos enfants au RER et je suis rentré définitivement chez moi vers 20 h 15. Mon épouse m'a appelé après 21 h 30 pour m'informer de la disparition d'Estelle. »

M'ont-ils soupçonné dès le début ? Et jusqu'à quand ? Aujourd'hui, sont-ils vraiment convaincus de mon innocence, ou bien le doute subsiste-t-il ?

Lorsqu'ils vous interrogent, ils sont froids, méthodiques, professionnels. Il ne faut attendre ni empathie ni compassion de leur part. Je ne me rappelle pas qu'un seul de ces messieurs m'ait demandé comment j'allais, si je tenais le choc. C'est vrai qu'ils ne sont pas là pour ça. On ne demande pas aux policiers d'être des nounous. Ce n'est pas leur rôle. Eux, ils sont là pour travailler, pas pour compatir. Mais ils pourraient proposer une éventuelle mise en relation avec une association de victimes, vous orienter vers une structure d'assistance psychologique, histoire de ne pas vous laisser couler comme ça. On ne m'a rien proposé. Peut-être parce que je leur ai tout de suite paru solide. Pour eux, je suis le père d'une petite fille disparue, un père en instance de divorce qui a des relations conflictuelles avec la mère de l'enfant. Je suis le premier suspect. Alors leur souci, c'est de me faire parler, de disséquer mon emploi du temps, certainement pas de m'épauler.

Je crois que la mère d'Estelle a eu droit à quelque chose. Elle a été prise en charge par un psychologue missionné par l'Inavem, une structure qui regroupe les associations d'aide aux victimes. Je ne sais pas si c'est elle qui a fait appel à eux ou s'ils sont venus à elle. Mais elle était tout de suite dans les larmes, alors que je ne m'effondrais pas. Ni devant les policiers ni devant les caméras. J'étais le bloc de marbre.

Je me rappelle que, le samedi soir, à la maison, on a fait Noël. En Algérie, on n'avait pas pu réveillonner. Bien sûr, on avait fêté Noël entre nous, Dominique et ses enfants, et Arthur, Lucie, Estelle et moi, dans le désert algérien. Cinq enfants réunis dans une fraternité nouvelle en devenir. Une semaine de découvertes, de bivouacs sous les étoiles, de roulades dans les dunes et de petites frayeurs, la nuit, avec la vie du désert tout autour. Mais le vrai repas avec toute la famille élargie, on avait décidé de le faire le samedi 11 janvier. Alors on l'a fait. Pas un instant je n'ai envisagé d'annuler. De toute façon, je crois que ça m'était complètement sorti de la tête. C'était prévu ainsi, on n'allait pas tout changer. Les choses ne devaient pas s'arrêter comme ça. La vie continuait. Annuler serait revenu à enterrer Estelle. Il était trop tôt pour ne plus y croire, trop tôt pour porter le deuil.

Je garde un souvenir vague de cette drôle de soirée. Je crois que j'étais là sans être là. Je passais mon temps au téléphone. Avec des amis, on avait préparé un avis de recherche. Il fallait s'organiser pour le lendemain, prévoir de coller nos affiches, décider des tâches de chacun, faire des photocopies, penser à la colle, au scotch... Le reste, je ne m'en souviens pas.

On s'est tout de suite mis au travail. Quand on perd son chat ou son chien, on colle des avis de recherche un peu partout dans le quartier. Alors on a fait la même chose. Quelqu'un avait récupéré la photo de classe d'Estelle, celle où elle a son petit pull rouge et sa chaînette autour du cou, l'avait collée sur une feuille de papier sur laquelle on avait écrit à la main : « Avis de recherche. Estelle Mouzin, 9 ans, disparue le 9 janvier 2003 à Guermantes. Taille : 1,35 m, yeux verts, cheveux longs châtains, doudoune bleu marine, béret violet, jean, pull rouge, sac à dos noir. Contactez le commissariat de police de Lagny-sur-Marne au 01 64 12 68 68 ou 17 », et on avait fait des photocopies noir et blanc. Après, on était chacun reparti avec un petit nombre de photocopies à faire. Puis on a collé nos affiches avec du scotch. Sur les Abribus, les cabines téléphoniques, les poteaux électriques, les troncs d'arbres, les boîtes aux lettres. On a fait avec les moyens du bord, avec des bouts de ficelle... C'était dérisoire, mais que faire d'autre ?

Dès le premier jour, Bruno, le parrain d'Estelle, avait réuni toutes les bonnes volontés de Guermantes et des alentours. Les amis affluaient spontanément, demandaient ce qu'ils pouvaient faire pour nous aider. Plusieurs anciens de la FCPE, l'association de parents d'élèves dont j'avais été un membre actif et même le secrétaire lorsque j'habitais Guermantes, sont venus nous rejoindre. Le milieu associatif, comme le militantisme, crée des liens forts. Ce seront les prémices de la création de l'association Estelle.

Avec le temps, nos affiches deviendraient plus « professionnelles ». De nombreuses personnes s'investiraient pour nous aider, des entreprises, des fédérations, soit par un soutien financier, soit par la mise à disposition de leur outil de travail, leur temps, leurs réseaux. Le groupe Havas a conçu l'affiche orange que l'on a vue sur de grands panneaux quatre par trois un peu partout dans le métro, dans les rues, sur le périphérique, mille panneaux mis gracieusement à notre disposition par la société Decaux. La Fédération des imprimeurs de France éditait gratuitement les avis de recherche. À partir de l'affiche d'Havas, on a fait des réductions au format A4 que l'on a collées partout. À Paris, la

RATP a diffusé les avis. En région, les Scouts et Éclaireurs de France sont partis sur les routes avec des stocks d'affichettes sous le bras. Pour entreposer nos affiches, il nous fallait des relais dans les régions où les bonnes volontés pouvaient venir en chercher un lot pour le diffuser dans leur quartier ou leur campagne. Nous n'avions pas de représentation locale, nous n'avions personne en province, nous n'avions rien. La Croix-Rouge a mis ses centres à notre disposition. Le 1er mars 2003, l'association Estelle, présidée par Bruno, était officiellement créée, les statuts déposés.

À leur manière, de nombreux journalistes, aussi, nous ont beaucoup aidés. Aujourd'hui encore, certains d'entre eux, je ne parle pas de ceux qui veulent faire du sensationnel, des émissions à grand spectacle, mais de ceux qui font formidablement leur travail, permettent que l'on n'oublie pas Estelle. J'ai fait de belles rencontres. Je me souviens de l'émission *Les Maternelles* où je m'étais adressé aux mamans de jeunes enfants, d'un numéro d'*Envoyé spécial*. Je me souviens d'une journaliste du magazine *Elle*, d'un autre de *Libération*. Il y en a d'autres, bien sûr, je ne peux pas tous les citer, mais je veux qu'ils sachent ma reconnaissance. Que, grâce à eux, je me sens moins seul.

La police ne nous disait rien. Ou pas grand-chose. Juste qu'ils cherchaient, qu'ils continuaient de fouiller les étangs, les bois. Un jour, on m'a dit qu'il fallait les accompagner à la direction régionale de la police judiciaire, à Versailles. Sur le moment, je n'ai pas compris pourquoi il fallait aller là-bas alors que tout s'était passé à Guermantes et que le commissariat le plus proche était situé à Lagny. Même en roulant « au bleu » (avec le gyrophare) dans une voiture de police, il fallait compter une bonne heure et demie pour faire Guermantes-Versailles. Que de temps et d'énergie perdus ! Je ne comprends pas que, avec les moyens technologiques dont on dispose, les services judiciaires n'aient pas encore été capables de mettre au point une « police mobile », du type semi-remorque avec bureau, ordinateur et téléphone...

Au début, pourtant, je pensais que tout irait très vite. Les policiers étaient nombreux, j'ignorais ce qu'ils faisaient, ce qu'ils cherchaient vraiment et comment ils s'y prenaient, mais j'étais certain d'avoir affaire à de grands professionnels, parfaitement organisés, et je ne doutais pas de l'efficacité de leurs services. Quand aujourd'hui je lis des extraits du dossier de procédure, je me dis qu'ils se sont vraiment donné du mal. Tout est consigné, détaillé, heure par heure, presque minute par minute. Ils se sont investis comme peut-être jamais dans l'histoire de la police judiciaire. J'ai lu dans la presse que l'on avait rarement vu autant de moyens mis en œuvre dans une affaire criminelle. Ils allaient retrouver Estelle, j'en étais certain. Après quelque temps, je me disais qu'ils allaient retrouver une trace, son sac de classe, un cahier, un vêtement… Et encore après, qu'ils allaient retrouver le coupable, l'arrêter, et alors on saurait ce qui s'est passé.

Jamais je n'aurais pu imaginer que, huit ans plus tard, nous en serions là.

Ils m'ont soupçonné. C'était normal. Dans les affaires d'enlèvement d'enfant, les parents sont les premiers suspectés. Le fait que nous soyons en instance de divorce aggravait notre cas. Pourtant, je ne pense pas que la mère d'Estelle ait été inquiétée. Elle savait montrer le désespoir, elle savait pleurer. De nous deux, elle était à l'évidence la plus meurtrie. Au bout de quelques semaines, elle prit ses distances avec l'enquête, cessa de répondre aux médias et se mura dans sa peine. Je ne la croisais que chez le juge ou à la DRPJ. Elle arrivait toujours les traits tirés, les yeux humides. Nous ne nous parlions pas. Deux ans après les faits, elle quittait définitivement la France, laissant derrière elle ses deux autres enfants, pour s'installer en Afrique du Sud avec son ami allemand. Dès lors, elle ne voulut plus rien savoir de l'avancement de l'enquête. Cela s'appelle tourner la page. Ou la déchirer.

Je ne veux pas la juger, je n'ai pas ce droit, mais je considère que son départ pour l'Afrique du Sud atteste d'une volonté de fuite. C'est abandonner, oublier, nier la réalité. Alors que, pour moi, être parent d'un enfant va bien au-delà de la séparation. On ne peut pas tout laisser comme cela. Lucie m'expliquera bien plus tard la maison de Guermantes sans vie, avec la présence d'Estelle, la dérive de sa mère qui ne voulait plus voir personne et surtout pas le moindre journaliste après s'être fait « piégée » pleurant au cours d'une interview. Vivre à Guermantes devenait impossible. Avait-elle une autre alternative que ce que je qualifie d'« abandon de poste » ?

Je me souviens d'une scène qu'elle m'a faite, quelques mois après la disparition d'Estelle. Et même si je dois reconnaître que, sur le fond, elle n'avait pas complètement tort, j'estime qu'elle était mal placée pour me donner des leçons. C'était peu après notre manifestation au marathon de Paris, en avril 2003. Elle avait vu les images au journal télévisé. Nous étions avec nos pancartes « Aidez-nous à retrouver Estelle » que nous brandissions tels des étendards très visibles puisqu'il s'agissait de l'affiche représentant Estelle sur fond orange. Arthur et Lucie m'accompagnaient. Tout ce qu'elle trouva à me dire, alors que nous avions passé des semaines à monter cette opération, fut : « Mais est-ce que tu as vu la tête de tes enfants dans la rue, portant la tête de leur sœur au bout d'une pique ? » La remarque m'a profondément blessé. Alors je lui ai rétorqué : « Écoute, si tu as de meilleures idées, tu n'as qu'à les mettre en pratique. »

Cela étant, j'ai compris peu à peu que je ne devais pas systématiquement associer mes enfants à tout ce que j'entreprenais. S'ils en avaient envie, ils participaient ; mais lorsqu'ils ne le sentaient pas, il ne fallait surtout pas leur imposer quoi que ce soit. Au début, j'avoue que je ne ne leur laissais pas trop le choix. J'étais dans une espèce d'urgence, donc je les entraînais dans cette urgence. Ensuite, j'ai un peu lâché la bride. C'est pourtant Lucie qui, au bout de quelque temps, désespérée de voir l'enquête piétiner, m'a reproché de ne pas en faire assez. Alors je l'ai prise avec moi, et je l'ai emmenée à une réunion au ministère de la Justice avec un conseiller auprès de Rachida Dati, et qui devait reprendre en main les dossiers des associations de victimes. Auparavant, j'avais dû lui envoyer un document pour préparer la réunion. Du temps de Nicole Guedj, il existait un secrétariat d'État aux droits des victimes, qui dépendait de la chancellerie. Nicole Guedj partie, plus personne n'avait connaissance des dossiers. Comme si, quand ils étaient partis, la secrétaire d'État et ses collaborateurs avaient vidé les armoires. Il fallait tout leur réexpliquer, repartir de zéro.

On arrive place Vendôme. Déjà, il est en retard. Enfin le voilà, un dossier sous le bras. On est posés là, en face de lui, dans une salle de réunion, et on le voit qui feuillette le dossier, visiblement agacé ; on se rend vite compte que quelque chose ne va pas. Il finit par nous dire que ce n'est pas le bon dossier. Et de pester contre ses collaborateurs, « des fonctionnaires » (il est tout de même dans un ministère...) qui n'ont pas imprimé ce qu'il fallait. Nous lui proposons de faire une copie du nôtre, mais il ne sait pas faire marcher la photocopieuse. Je ne pense pas que ses collaborateurs aient été en cause, je pense que c'était plutôt le bonhomme. Il ne comprenait rien, il transpirait, il en avait marre. On avait passé des heures à mettre au point ce dossier, à préparer cette réunion, des heures de palabres, de mails, de coups de fil, tout ça pour se retrouver face à un type pressé, complètement largué, qui finit par nous demander de lui envoyer un résumé de nos propositions... En sortant du ministère, j'ai dit à Lucie : « Maintenant, tu as compris que ce n'est pas aussi simple que ça. » Elle a compris. Tout ce qu'on avait fait, tout le mal qu'on s'était donné, avec nos pauvres moyens, tout cela ne pesait pas grand-chose face à l'inertie qui nous était opposée.

Vu de l'extérieur, tant qu'on n'est pas dans le combat, on pense qu'il suffit de s'engager à fond pour faire avancer les choses. On est tellement convaincu de la justesse de notre cause, on se dit que, forcément, les gens vont s'investir autant que nous. Mais nos interlocuteurs ont d'autres exigences, d'autres priorités, d'autres combats à mener, le plus souvent politiques. Le calcul est alors le suivant : « Que vais-je privilégier, qui, et comment, et pour faire quoi ? Et qu'est-ce que cela va me rapporter ? »

Depuis ce jour, Lucie a compris. Elle ne juge plus mon action à l'aune des résultats obtenus.

Pour qu'une idée fasse mouche, aujourd'hui, il faut qu'elle soit mise en musique. Il faut disposer d'une voix porteuse, celle d'une sommité ou d'un « people », pour faire entendre la nôtre. Ou alors il faut faire un coup médiatique. Si vous n'accrochez pas une banderole en haut de la tour Eiffel, votre proposition va passer à la trappe, elle ne sera jamais traitée. Alors, même si ça m'épuise, même si j'ai souvent le sentiment que tout cela est inutile, je continue d'aller de temps en temps faire le guignol à la télévision. Et le temps que je passe à faire tout ça, c'est du temps perdu pour autre chose, pour avancer dans l'épluchage du dossier de procédure, rencontrer mes avocats, tanner les enquêteurs pour savoir s'ils ont du nouveau. Du temps perdu, aussi, pour ma vie de couple, ma vie de famille, mon travail.

Après le départ de la mère d'Estelle, je me suis donc retrouvé seul. Seul à devoir tout assumer, tout gérer, seul à répondre aux médias, à me battre contre l'inertie, seul à me battre pour que l'on poursuive l'enquête, seul à réclamer des informations, des rendez-vous. La presse, pourtant, continue, par ignorance ou par commodité, de parler du combat « des parents » pour retrouver Estelle. Lorsqu'une chaîne de télévision évoque l'histoire d'Estelle, ce sont toujours les larmes de sa mère que l'on montre. J'apparais tel un bloc de marbre, figé. Mais c'est à moi seul qu'il revient de répondre à la sempiternelle question des journalistes : « Avez-vous encore l'espoir, après toutes ces années, de revoir Estelle ? »

Les choses se passent avec une lenteur infinie. On ne voit pas d'amélioration notable, qu'il s'agisse de l'information donnée aux victimes ou des méthodes d'enquête. Six mois après la disparition d'Estelle, six mois après la perquisition des maisons de Guermantes, ils reprennent tout au début. Ils analysent les résultats de la perquisition, et constatent des anomalies. Il leur a fallu six mois pour se rendre compte qu'ils n'avaient pas bien fait leur boulot. Qu'il y avait des manques, des incohérences, des imprécisions, des doutes à lever. Sous la houlette du nouveau directeur de la SRPJ, ils ont affiné leurs questionnaires, et ils sont retournés, cinquante officiers de police judiciaire, frapper aux portes de tous les habitants de Guermantes. C'est là, chez l'une de ces familles déjà visitées en janvier, qu'une petite copine d'Estelle a raconté comment, avant les vacances de Noël, un homme avait voulu la ramener chez elle. La gamine suivait des cours de dessin, on lui a donné une feuille de papier et un crayon et elle a produit ce qui a permis d'établir un portrait-robot, celui d'un homme d'une quarantaine d'années, brun et mal rasé, portant des lunettes rondes. Elle a aussi dessiné le véhicule, une camionnette blanche. Alors ils lui ont présenté un tas de camionnettes blanches. Elle a désigné un modèle. Pas de chance, c'est un modèle d'utilitaire fabriqué par trois constructeurs différents, Citroën, Peugeot et Fiat, ce qui multiplie par trois les pistes de recherche. Ils vont y passer du temps, près de soixante-dix mille camionnettes achetées, louées, vendues, bazardées, refourguées, seront passées au crible. Sans résultat. Je ne sais pas jusqu'où ils sont allés dans les investigations, j'ignore à partir de quand ils en ont eu assez. Je ne sais pas quelles méthodes ils ont employées, s'ils ont eu accès à tous les fichiers de cartes grises, ni si tous ces fichiers sont informatisés, d'ailleurs.

Tout ce que je sais, c'est que, à ce jour, le portrait-robot n'a rien donné.

J'ignore aussi, et cela me met vraiment en colère, pourquoi ils ont limité leur périmètre de perquisition à la seule ville de Guermantes. Pourquoi, pendant près d'un an, ils vont « oublier » Conches-sur-Gondoire, la commune voisine, là où se trouve l'école d'Estelle, si proche qu'elle compte plusieurs rues dont un trottoir est situé à Guermantes. Ce n'est qu'en novembre qu'ils iront enfin voir de ce côté-là. Un an après, les gens ne se souviendraient plus, ils donneraient des renseignements incohérents qui eux-mêmes nécessiteraient de nouvelles vérifications…

Et tout est un peu comme ça. On tourne en rond.

On me demande souvent : « Quelles sont vos relations avec la police ? » Je réponds toujours : « Des rapports ambigus. » J'avais choisi de leur faire confiance. Je n'ai pas voulu faire mener une enquête privée. Je n'ai pas voulu non plus basculer dans l'irrationnel, répondre aux sollicitations des médiums et autres radiesthésistes. Pour moi, l'enquête devait rester dans le cadre des institutions. En même temps, c'est très dur de suivre les enquêteurs. On a très peu d'informations, très peu de retour, car ils ne peuvent pas tout dire. Mais, et c'est là toute l'ambiguïté, le simple fait d'admettre qu'ils ne peuvent pas tout nous dire les place à l'abri des critiques : ce n'est pas parce qu'ils ne nous disent rien qu'ils ne font rien.

Les premiers temps, mes relations avec les policiers étaient compliquées. Pour eux, je n'étais pas net. Ils se méfiaient, me surveillaient. Ils ont épluché les cent trente feuillets composant le relevé des appels téléphoniques de mon poste fixe du 1er septembre 2002 au 31 janvier 2003, puis les vingt-sept feuillets de mon portable. Ils ont épluché mon carnet d'adresses et ont entendu tous les gens de mon univers professionnel et privé. Mon statut de suspect faisait de toutes ces personnes des complices potentiels. C'est terrible de penser ça.

Finalement, en dehors des auditions, j'avais très peu de contacts avec eux. J'ai mis longtemps avant de savoir qui ils étaient, qui s'occupait de quoi. Les trois premiers jours, j'étais dans le brouillard complet. Je n'avais pas, comme on le voit parfois dans les films, un interlocuteur privilégié. Un policier ne vous dit pas : « Voilà comment nous fonctionnons, voici mon chef, lui dirige ceci et moi je m'occupe de cela. » Il n'y en a pas un qui m'ait donné sa carte, sa ligne directe ou son numéro de portable pour que je puisse le joindre en particulier. Je n'ai pas même le souvenir d'un qui me dise que je pouvais l'appeler. Si je voulais contacter le commissariat, je ne savais pas qui demander. Je ne connaissais pas leurs noms. Je ne comprenais pas pourquoi certains étaient de Lagny, d'autres de Versailles. Quand la direction régionale de la police judiciaire à Versailles a été saisie du dossier, j'ai eu affaire à son chef, Jean-Marc Bloch, puis à son successeur, Jean Espitalier. Mais nous nous voyions peu. Tous les deux mois la première année, puis une à deux fois par an pour faire le point. Plus tard, j'aurais une interlocutrice « privilégiée », la responsable du dossier, la chef de la cellule « Estelle », Stéfanie.

De toute façon, les policiers ne me tenaient pas au courant de leurs investigations. Les rares nouvelles concernant l'enquête, je les apprenais par la presse. C'est encore parfois le cas. Si les informations importantes me sont bien transmises par l'avocat de l'association, il n'est pas rare que je découvre, au hasard des pages d'un quotidien ou d'un hebdomadaire, un fait nouveau ou un « rebondissement dans l'affaire Estelle Mouzin » qui fait généralement long feu.

Aujourd'hui encore, il m'arrive de m'interroger sur ce qu'ils pensent de moi. Suis-je vraiment blanc, ou certains doutent-ils toujours ? Parfois, je ne sais plus. Est-ce moi qui vois des nains partout ? Et même si les soupçons n'ont duré qu'un temps, le « traitement de faveur » dont j'ai bénéficié n'a-t-il pas fait que d'autres pistes ont pu être négligées ? Quand, au hasard de la procédure, je vois que, même en 2006, soit trois ans après l'enlèvement, ils continuaient de demander aux personnes auditionnées : « Quelles relations entretenait Estelle avec ses parents, et particulièrement avec son père ? » Cela reste très orienté...

Il faudrait me résoudre à leur poser directement la question. Mais on ne me répondrait pas.

C'est étrange, la mémoire. Par exemple, le jour où il y a eu la grande perquisition de Guermantes – ils ont « visité » près de six cents maisons, autant dire toutes –, c'était le mardi 14 janvier 2003. Ce jour-là, comme tous les jours ouvrés depuis la disparition d'Estelle, je suis allé travailler. Je me souviens, c'était le jour de l'analyse du dossier 29073. De mémoire, c'était une histoire de flexibles qui fuyaient et qui étaient installés sur des chariots élévateurs servant à manutentionner des missiles. J'ai oublié plein de choses, pourtant je me souviens de ça précisément. Je me revois à cette réunion. J'étais dans le potage, je me rappelle que j'y étais sans y être. On était une dizaine. Il y avait des gens qui ne savaient pas. Moi, je n'en parlais pas. Aujourd'hui encore, dans ma vie professionnelle comme en privé, je ne sais jamais qui est au courant et qui ne l'est pas.

On me demande : « Comment pouvez-vous assurer vos missions professionnelles avec ce que vous avez vécu ? » Quand arrive la période des fêtes de fin d'année et des neiges de janvier, qu'ils me voient intervenir dans les médias à l'occasion de la marche du souvenir, ils se disent : « Pendant qu'il fait tout ça, il n'avance pas sur les dossiers, il ne bosse pas pour nous... » Je sais qu'il y en a qui pensent cela. C'est inévitable. C'est pour ça aussi que je ne m'autorise pas la moindre défaillance professionnelle. Quand Estelle a disparu, je n'ai pas pris de jours de congé. Je dois continuer, comme si de rien n'était. Faire bonne figure, ne rien laisser passer, surtout ne pas donner l'impression que j'attends de la compassion. Je ne me suis même pas autorisé à tomber malade.

Dès la fin du mois de janvier, je savais qu'il n'y avait plus d'espoir. Estelle avait été enlevée. Estelle avait été tuée. Estelle était morte. Après, il fallait apprendre à vivre avec ça, à accepter. À l'époque, j'étais un fervent lecteur de *Charlie Hebdo* et en particulier des éditoriaux de Philippe Val. Ses analyses m'allaient bien. Alors m'est venue l'idée que ce type-là, habitué à réfléchir, féru de philosophie et grand lecteur de Spinoza, ce type-là allait pouvoir m'aider. C'était complètement irrationnel, mais j'ai pensé que si j'allais lui parler et lui expliquer l'état dans lequel je me trouvais, il pourrait m'orienter, me proposer une attitude philosophique à adopter pour supporter. J'étais perdu, j'allais chercher la bonne parole et le réconfort. La première fois que je l'ai appelé, il a dû penser que j'avais mis les doigts dans la prise... Je me mets à sa place, celle du type normal qu'un cinglé tanne pour le voir en lui disant :

« Ma fille a été enlevée, je suis paumé, je ne sais plus où je vais. Je vous lis toutes les semaines et ce que je lis de vous me plaît, j'aime votre démarche et vos analyses, et comme je les aime bien, j'ai pensé que vous pourriez me donner le mode d'emploi pour que je continue de fonctionner avec tout ça. » J'ai tellement insisté qu'il a fini par accepter. « Eh bien, venez déjeuner à la maison, comme ça on va pouvoir discuter tranquillement. » J'y suis allé, c'était à Joinville. Il n'a pas cessé de parler. Il connaissait déjà vaguement mon histoire. Il m'a beaucoup parlé de lui, peut-être pour ne pas évoquer le sujet… À la fin, il m'a simplement dit : « La réponse à une situation de détresse comme la vôtre, c'est la vie heureuse. »

Après cette visite, je me suis construit ma petite philosophie à trois sous qui consistait à dire, effectivement, soit c'est la fin du monde et il n'y a plus rien à faire, soit il faut continuer de se battre pour savoir ce qui s'est passé mais, surtout, il faut continuer de vivre, et le mieux possible. Seul vivre joyeusement peut résoudre les drames de la vie.

Je n'ai jamais revu Philippe Val. Ce fut juste une fois, comme ça, on n'est pas restés en contact. Il m'avait reçu, il m'avait fait un plat de pâtes à l'ail et un café à l'italienne d'enfer, il m'avait consacré trois heures de son temps. Je pense que ce qu'il avait cherché à faire, c'était cet hymne à la vie joyeuse qui, finalement, est la seule qui nous permet de surmonter nos drames et qui s'exprime à travers Spinoza, cette espèce de joie de vivre et de liberté d'esprit. Je ne pensais pas vraiment qu'il me donnerait des réponses, mais qu'il m'apporterait des outils, ou des conseils de lecture, pour trouver chez les philosophes qu'il me citait la voie de la délivrance. Mais les philosophes vous donnent rarement des conseils de vie pratique. Les conceptions intellectuelles pures, ce n'est pas ça qui peut vous aider à gérer vos émotions et la disparition inexpliquée de votre enfant. Mais peut-être aussi que je cherchais autre chose. Peut-être que le but de tout cela, au fond, n'était que de me projeter dans une démarche extrêmement complexe et difficile pour qu'elle me prenne tout mon temps, occupe mon esprit et qu'il n'y ait pas place pour l'émotion. Oui, c'est cela, me remplir encore plus pour que rien ne puisse passer. Construire une pensée solide, bétonnée, pour qu'aucun affect ne puisse entrer ni sortir.

« Robot. » La première fois que j'ai entendu ce mot de métal froid collé à ma personne, c'était dans la bouche de ma première avocate, Me Fichot. Elle m'a mis en garde. Mon attitude déroutait jusque dans les médias. Ma pudeur apparaissait comme de la froideur, une absence de sentiments. C'était suspect.

On commençait à entendre des gens qui disaient : « Quand même, le père, il en fait trop… Et puis, le père, on ne l'a jamais vu pleurer, il n'est pas clair… »

Quand on avait établi le portrait-robot du ravisseur potentiel, des gens avaient dit que c'était moi. Ils envoyaient des mails sur le site de l'association, parlant d'une « ressemblance troublante ». C'était moi qui lisais les mails… Ça ne m'a pas atteint plus que ça, je me suis juste dit : « Encore un truc qui va nous faire perdre du temps. » Dans la procédure, pourtant, je n'ai rien trouvé à ce sujet. Je ne pense pas que cela ait été pris au sérieux. Rien dans l'attitude des policiers à mon égard n'a changé après la diffusion de ce portrait.

Et, pendant que l'on continuait de scruter mes moindres paroles, mes moindres faits et gestes, pendant que l'on continuait de me découper en rondelles, les vérifications à engager en urgence à l'étranger n'étaient pas lancées. Effectuées dans le cadre de commissions rogatoires internes, elles se sont révélées complexes à mettre en œuvre, longues et souvent insatisfaisantes, sans compter les problèmes de traduction… Cela fait partie des dysfonctionnements de l'enquête pointés par mes avocats. Des pistes non explorées dans les premiers jours, des interrogatoires manqués, des recoupements non effectués. Ce n'est pas à moi d'émettre des doutes sur tel ou tel individu, encore moins de dénoncer certains agissements ou de révéler des éléments que j'ai découverts dans la procédure et qui relèvent toujours du secret de l'instruction. Le moindre élément mal vérifié multiplie les suppositions irrationnelles. Mais je continue de me poser la question : ne s'est-on pas trop occupé de moi ?

Le 11 mars 2003, à l'Assemblée nationale, alors que l'enquête piétinait, que les policiers n'avaient toujours rien, qu'Estelle ne faisait plus la une de l'actualité, le ministre de l'Intérieur a pris personnellement l'affaire en mains. Plus de deux mois après, l'histoire d'Estelle devenait une affaire politique. On annonçait officiellement la création d'un groupe d'enquête permanent, la cellule « Estelle ». Peu après, nous serions convoqués place Beauvau par Nicolas Sarkozy. Je me rappelle n'en avoir parlé à personne ; pourtant, quand je suis ressorti, une meute de journalistes, micros et caméras en veille, m'attendait. Qui les avait prévenus ? Qui, sinon le ministère ? Ils ne m'ont pas reconnu. Alors je suis passé, tranquille, et je suis parti. Après, Nicolas m'appellerait de temps en temps sur mon portable.

Moi, de ce jour-là, tout ce dont je me souviens, c'est que j'étais sur le dossier Panhard. Panhard, les petites jeeps blindées. Nous étions un mardi, et il fallait que je rentre le dossier Panhard. Voilà. Après, la suite qui a été donnée à tout ça, les rendez-vous avec Nicolas, avec Apaire, son conseiller justice, avec Alliot-Marie, je n'en ai pas gardé un grand souvenir.

Un jour, un type m'a appelé chez moi. Il voulait me voir. Que l'on passe un moment ensemble, pour parler. Il me contactait à la demande des enquêteurs. Je ne l'avais jamais vu. Je ne le connaissais pas. Il m'a tout de suite tutoyé. « Je dois rendre compte à ma hiérarchie qui voudrait savoir exactement quel type de bonhomme tu es. Donc est-ce que je peux venir déjeuner avec toi ? » Je n'ai pas posé de questions, je me suis toujours prêté aux exigences policières sans discuter. Je lui ai dit : « Eh bien, viens manger à la cantine du bureau et, comme ça, tu me diras si j'ai l'air d'être à peu près sensé ou si je suis complètement délirant. » Il est venu, on a discuté, apparemment de tout et de rien. Ces gars-là ont l'habitude, l'air de ne pas y toucher, ils vous sondent. Ils vous posent les questions qu'il faut, vous amènent à évoquer ce qu'ils attendent. Puis ils balancent leur rapport à leur hiérarchie. Lui, c'était un policier des renseignements généraux. Il m'a tout de même dit : « Je suis là pour faire une enquête de personnalité. »

À l'issue du déjeuner, j'ai voulu savoir à quelle sauce il allait me manger. Je lui ai posé directement la question. « Alors, je suis tordu ? – Non, je vais leur dire que tu es à peu près normalement constitué. » Il n'empêche qu'ils avaient voulu vérifier. Peut-être avaient-ils encore dans l'idée que je pouvais être le coupable. Ou alors, simplement, ils s'inquiétaient de savoir le type d'action que je risquais de mener sur la voie publique. Je ne sais pas. Faisaient-ils toujours cela, était-ce le processus normal, je l'ignore. Je pense qu'il a dû rédiger une note interne. Je ne saurai jamais ce qu'il en a fait, quelles ont été ses conclusions. Aujourd'hui, je ne sais toujours pas quel type de bonhomme je suis. Le savent-ils vraiment, eux ?

Peu après, il y a eu Maryline. Maryline n'est pas flic, elle est psychocriminologue. Supposée connaître les modes opératoires des pédocriminels, elle a été détachée auprès de la police pour apporter un nouvel éclairage. C'est une première, semble-t-il, d'introduire un psy dans ce type d'enquête.

Sa contribution, je ne la connais pas. Elle va entendre tout le monde, jusqu'à mon ancienne amie, sa vie, son œuvre, qu'elle ira rencontrer à l'autre bout de la France. Elle a aussi beaucoup parlé avec mon ex-épouse pour en savoir davantage sur moi, en lui témoignant d'emblée une grande sollicitude. Si bien que, très vite, je me suis interrogé sur sa neutralité et ses objectifs.

Je pense que Maryline avait une double mission. Elle devait, elle aussi, vérifier que je n'étais pas le tordu de service, et comprendre le fonctionnement du type bizarre que j'étais. J'apparaissais beaucoup

69

dans les médias, il fallait s'assurer que je n'aille pas me répandre partout et dire n'importe quoi ; voir jusqu'où je pouvais aller, ce que je risquais de faire. Aujourd'hui, j'ignore toujours de quoi ils avaient peur.

Mais je me souviens que j'ai eu droit à tout. Il y a eu un jour, en particulier, où elle s'est beaucoup occupée de moi. Je l'ai noté, c'était le 27 mars 2003, au commissariat de Levallois-Perret. D'abord, le groupe d'enquête a procédé à une nouvelle audition. Puis un officier de police judiciaire a effectué un prélèvement buccal pour déterminer mon ADN. Après quoi, je me suis retrouvé entre les mains de Maryline. Là, elle m'a fait passer une batterie de tests, dont les tests de Rorschach, au cas où j'aurais vu des petits éléphants verts dans les taches d'encre. On m'a soumis à une rafale de questions : avez-vous déjà conduit sous l'emprise de l'alcool ? Avez-vous déjà abusé de produits stupéfiants ? Vous n'avez jamais abusé de produits stupéfiants, mais en auriez-vous envie ? Il y en avait comme ça des pages et des pages. Dans un temps limité, je devais cocher des cases. Cela s'était terminé par un entretien face à face. On discutait de tout, l'air de rien. Vous en êtes où avec ça, comment vous sentez-vous, les gens continuent-ils d'être sympathiques à votre égard... ? Pourtant, aucune de ces questions banales n'était neutre. Votre manière de répondre est scrutée, analysée, décryptée.

Rien de tout cela ne figure dans la procédure, il n'y a pas de PV lors de ces entretiens.

Au mois de juillet qui a suivi, pourtant, j'ai pu lire le résultat de mes tests de personnalité. Eux non plus ne sont pas dans la procédure, ils sont sur du papier libre, mais, un jour où j'étais allé consulter la procédure au greffe de Meaux, je suis tombé incidemment sur le compte rendu de Maryline, celui qui avait été adressé à la juge. Il n'aurait jamais dû se trouver là. Il était au milieu de la pile. Tout y était analysé, les recoins les plus cachés de ma personnalité, ma vie sexuelle n'avait plus de secrets. Qu'a bien pu faire la juge de tout cela ? Je me le demande encore. Officiellement, il s'agissait de déterminer mon profil psychologique « pour mieux comprendre comment Estelle avait pu réagir à une tentative d'enlèvement ». Donc je ne sais pas ce qu'ils ont fait de tout cela, à quoi ça leur a servi. Et, au fond, je m'en fiche.

Le 20 mai 2003, Maryline adresse un courrier à l'administration judiciaire : « S'il est vrai que M. Mouzin ne rentre pas dans le schéma classique de victime du fait de la disparition de sa fille, il présente tout de même les symptômes d'un stress posttraumatique suite à cet événement. » Ah, tout de même... Elle poursuit : « En me basant sur les tests et différents entretiens que j'ai pu avoir avec M. Mouzin, et bien que le diagnostic ne soit pas favorable... », ce qui signifie ? « ... il apparaît que M. Mouzin ne soit pas responsable de l'enlèvement de sa fille Estelle, ni qu'il ait quelque rapport que ce soit avec sa disparition. » Me voici donc disculpé au regard de la psychologie. Il reste que j'aurais tout de même préféré être officiellement disculpé par les policiers...

Quoi qu'il en soit, il n'est pas ressorti grand-chose de tout ce cirque. « Rien de nouveau que nous ne sachions déjà », avait conclu Maryline. La profileuse n'avait rien profilé du tout.

Parfois, quand je suis seul, j'ouvre le fichier sentiments. Celui des photos d'Estelle. D'un clic, elles remplissent tout mon écran. Patchwork d'une vie heureuse. Ma vie d'avant. Estelle qui fait le clown. Estelle qui fait une grimace. Estelle et Arthur. Estelle et Lucie. Estelle et moi. Estelle et eux. Estelle et nous. Estelle en Corse. Estelle en Algérie. Estelle à Noël. Estelle déguisée. Estelle qui éclate de rire. Estelle à la piscine. Estelle dans sa chambre. Estelle et ses copines. Estelle à table. Estelle sur la plage. Estelle vivante. Estelle. Ma huitième merveille du monde.

Depuis huit ans, je crois que je n'ai pas fait une vraie nuit. Chaque soir, je me couche, je m'endors. Puis, chaque nuit, invariablement, à 3 heures je me réveille. Comme je sais que je ne vais pas me rendormir, je me lève et je vais m'asseoir à mon ordinateur. Je travaille, réponds aux mails de la veille.

Parfois, quand je me réveille, je suis soulagé. Ce n'était qu'un cauchemar. Estelle est vivante. Estelle est à côté de moi, Estelle dort dans sa chambre. Cela ne dure que quelques secondes. Bonheur éphémère. Je m'accroche encore, je me dis que j'ai fait un mauvais rêve, que tout va bien. Mais non, tout ne va pas bien du tout. Une fois de plus, ma pleine conscience me l'arrache. Estelle n'est pas dans son lit. Estelle n'a plus de chambre ici. Comment me rendormir après ça ?

Avant de rencontrer Dominique, après mon éviction brutale du domicile, je m'étais installé provisoirement dans un appartement à Paris. Quand Estelle venait, elle dormait dans le salon, c'était un peu du camping, elle adorait ça. Quelques mois plus tard, en septembre 2002, quand je m'étais installé au Vésinet avec Dominique, nous avions aménagé la maison pour accueillir Estelle et Lucie. Nous n'avons eu que quelques mois pour en profiter. À Guermantes, après mon départ, elle avait gardé sa chambre au premier étage. Je ne sais pas ce que sa mère en avait fait après, quand elle n'a plus été là. Je ne sais pas si elle avait tout changé ou, au contraire, si elle vivait dans le souvenir, soucieuse de ne rien toucher, comme si elle pouvait revenir. De toute façon, depuis que j'avais quitté la maison, je n'y avais plus jamais remis les pieds. Jusqu'au 9 janvier 2003, date à partir de laquelle je fus autorisé à pénétrer dans la maison avec les policiers. Je ne suis pas monté à l'étage dans la chambre d'Estelle, respectant une interdiction sous-jacente de sa mère. Après la disparition d'Estelle, les enquêteurs avaient eu accès à sa chambre. Moi pas. J'étais l'indésirable. L'interdit de séjour. Je n'ai pas eu le droit de poser un dernier regard sur le petit univers de ma fille. Peut-être pour que je ne voie pas comment le petit univers avait été transformé… Les enfants ne disent pas ce qui se passe dans la vie nouvelle, celle d'après le départ de l'un des deux. Ils restent mystérieux, ne disent pas ce qu'ils font, ne disent rien, sans même qu'il y ait eu besoin de leur donner des consignes. On m'a dit que l'on avait retrouvé sur son bureau des carnets où elle notait ses journées, l'école, les copines, ses secrets, les chagrins, ses petites histoires de gamine. Une sorte de journal intime, avec des difficultés de rédaction car Estelle était dyslexique. J'ignore ce que sont devenus ces carnets, entre les mains de qui ils se trouvent, s'ils ont été exploités et comment, si on les a jetés. Je crois que certains extraits ont été confiés à des graphologues pour établir des comparaisons avec les quelques SOS et autres messages loufoques supposés signés de sa main. On n'a pas jugé utile de me montrer ces carnets, ni leur transcription éventuelle. Je me dis que j'aurais peut-être décelé quelque chose, je ne sais pas. J'aurais voulu voir ce qu'elle avait raconté dans les tout derniers jours... Je n'ai pas eu accès aux dernières pensées de ma fille.

Sa vie là-bas, je ne la connaissais plus. Elle ne m'en parlait pas. Les enfants sont comme ça, ils cloisonnent. Ils ont deux vies, une chez papa et une chez maman, on ne parle pas de l'une quand on est dans l'autre. On ne mélange plus papa avec maman. Elle semblait s'accommoder assez bien de cette situation. Le pire était passé, croyais-je, quand nous vivions encore sous le même toit, à Guermantes, et que nous nous déchirions, sa mère et moi.

Je me souviens, une fois, je me suis énervé très fort. C'était le 11 février 2003, lors de notre première rencontre, à Meaux, avec la juge dite Tartiflette. J'étais seul avec mon ex-épouse. Et là, cette femme qui débarquait cinq semaines après la disparition d'Estelle nous dit : « L'hypothèse de la fugue n'est pas totalement écartée dans mon esprit. » Je n'en reviens toujours pas. Comment pouvait-on lâcher une énormité pareille ? Je ne sais pas ce qu'elle avait fait jusque-là dans le dossier, je ne sais pas quelles initiatives elle avait prises ni si elle en avait pris, et elle nous sortait ça, comme ça, de but en blanc.

Dans le cadre d'une procédure judiciaire, le procureur saisit le juge d'instruction et ensuite c'est le juge qui agit, c'est lui qui mandate la police. Le juge, c'est l'homme-orchestre. Alors que, dès le deuxième jour, le procureur de la République avait déjà privilégié la thèse de l'enlèvement, aujourd'hui, après cinq semaines d'enquête, nous découvrions que l'une des options des tout premiers instants, la fugue, n'était pas totalement écartée par la juge. Et que cette absurdité mobilisait encore des énergies, les détournant de l'enquête. Comment cette juge d'instruction pouvait-elle imaginer la fugue d'une enfant de neuf ans et demi, en plein hiver, en région parisienne, avec le dispositif déployé pour la retrouver ? C'était aberrant.

« L'hypothèse de la fugue n'est pas totalement écartée dans mon esprit. » Cette déclaration m'a sidéré. Révolté. Elle démontrait une absence totale de lucidité, assortie à un manque de respect quant à la situation dans laquelle nous nous débattions depuis le 9 janvier. Je me suis fâché. Je n'aurais peut-être pas dû, mais j'ai pété les plombs.

Cinq mois plus tard, en juillet 2003, Tartiflette quittait Meaux, nommée dans une autre juridiction au titre des mutations administratives de routine. Elle aura été la première des quatre juges qui, à ce jour, se sont succédé dans le dossier.

Avec le premier jour de juillet s'ouvrent les vacances judiciaires. C'est le relâchement estival. Il ne peut plus rien se passer. Alors on est partis en vacances. Tous ensemble, avec Dominique, Arthur, Lucie, Yann et l'autre Estelle. Des cousins nous avaient prêté une maison en Charente, au bord de la mer. Il fallait bien vivre. Et comme on était encore dans la négation de la réalité, on avait acheté une voiture à sept places, dans laquelle on ne monterait jamais à sept.

Sur mes ordinateurs, au bureau, chez moi, à l'association, j'étais envahi. Tout le monde et n'importe qui m'envoyait des mails, tous plus délirants les uns que les autres. Des gens qui m'écrivaient : « C'est moi qui ai enlevé Estelle... » « J'ai vu Estelle avec un homme et une femme dans une fourgonnette... » Je craquais. Alors un jour j'ai proposé au juge de trouver un moyen pour que ces mails soient automatiquement transférés chez un expert judiciaire informaticien afin qu'il analyse le trafic. De plus en plus de monde se connectait sur le site de l'association. Je voulais, là aussi, qu'un expert, par le biais des adresses IP, remonte jusqu'aux expéditeurs pour voir qui se connectait. Je me disais qu'il existait une possibilité que le tordu vienne se balader sur le site, à la recherche de quelque chose, une information, des images, ou tout simplement, puisqu'il s'agissait sans doute d'un malade, d'une jouissance perverse à se tenir au courant des actions que nous nous apprêtions à mener, à se repaître de nos atermoiements et de nos échecs. Un expert judiciaire pourrait remonter à la source. Le juge avait missionné l'expert, cela ressort dans la procédure, et après, plus rien. Il n'a jamais donné suite malgré mes relances. Je n'en ai plus entendu parler.

Un jour, j'ai commis une énorme bêtise. L'inconscience du désespoir. J'ai lancé un appel aux femmes et compagnes de criminels sexuels. C'était à la fin de 2004, au mois de novembre. Je commençais déjà à redouter le deuxième anniversaire. Décembre allait arriver, la neige, l'horrible neige parisienne, le froid, le dégel, la gadoue. Le 9 janvier. Il fallait que je fasse quelque chose. Alors j'ai lancé cet appel. Et je joignais un numéro vert.

« Je suis le père d'Estelle, enlevée le 9 janvier 2003 à neuf ans et demi sur le chemin de l'école à Guermantes, en Seine-et-Marne. Depuis cette date, nous sommes sans nouvelles d'Estelle. Avec l'accord du juge d'instruction chargé du dossier, je lance un appel en direction des femmes, des compagnes et des proches des personnes qui se sont attaquées à des enfants. Pourquoi aujourd'hui ? Les affaires récentes – Fourniret, Dutroux, Émile Louis – ont mis en évidence que, dans toutes ces affaires, des femmes proches des criminels connaissaient la vérité, avaient été impliquées malgré elles ou avaient joué un rôle dans ces agressions contre des enfants. Et dans toutes ces affaires, ensuite, les femmes ont aidé à faire connaître la vérité. Je leur demande une aide, car il faut aider une famille qui attend, depuis vingt-deux mois, de savoir ce qui est arrivé à l'un des siens. Tous attendent, ses grands-parents, frères, sœurs, sa mère, son père, mais également les adultes qui la côtoyaient, et ses camarades de classe. Estelle nous manque, la vérité nous manque.

« Je fais appel à vous pour obtenir l'information qui nous permettra de retrouver Estelle, et d'autres enfants, et qui épargnera la vie de prochaines victimes, car ceux qui s'attaquent aux enfants récidivent ; si la société ne les arrête pas, ils reproduisent leurs crimes à plusieurs reprises. Nous aider peut paraître difficile alors que vous vivez peut-être encore avec cette personne, que vous en avez eu des enfants, que vous vous y sentez attachée(s) par des souvenirs heureux, mais aussi probablement par des craintes confuses.

« Brisez le silence, qui ferait de vous une complice, suivez votre instinct de femme et de mère pour protéger vos enfants, et les enfants en général. Ce n'est qu'une question de temps, car les criminels finissent toujours par être démasqués. Pour vous-mêmes, pour vos enfants, pour sauver des vies, transmettez les informations nécessaires au service de police ou de gendarmerie le plus proche de votre domicile. »

Et les appels sont arrivés. Le numéro vert débouchait sur une ligne téléphonique dédiée, à la maison... Alors c'était moi qui les gérais, et ça, je ne suis pas près de recommencer. J'ai eu tous les appels des cinglés. J'ai tout entendu. Les tordus, les voyants, les médiums et autres cartomanciens, les envoyés du bon Dieu... Quand je rentrais du bureau, le soir, sur mon répondeur, j'écoutais des horreurs. Des femmes m'appelaient pour m'expliquer par le menu comment elles avaient été violées, mutilées, torturées, par un père, une mère, un oncle, un voisin. Et celles-là me demandaient : « Que puis-je faire, monsieur Mouzin ? À qui puis-je m'adresser pour faire valoir mes droits ? Pouvez-vous m'aider ? » Réalité, affabulation, délire, provocation, perversité, impossible de savoir. Mais tout cela était une grande souffrance qui semblait ne jamais avoir été entendue, faute de structure d'aide. Souvent, pourtant, je rappelais. Je voulais savoir... Peut-être, dans tout ça, y avait-il des gens sérieux, peut-être allait-on m'orienter sur une piste, me donner un indice, quelque chose, n'importe quoi. J'en étais là.

Avec des membres de l'association, nous sommes allés voir Élisabeth Badinter. J'attendais beaucoup de cette rencontre. Je me disais : l'enlèvement, et très certainement le viol, d'une petite fille de neuf ans, c'est le paroxysme de l'atteinte faite aux femmes, à la plus faible des plus faibles, à la fois femme et petite fille. La porte-parole du combat féministe, telle que je l'idéalisais, ne pouvait, selon moi, que se sentir extrêmement concernée. Elle ne pouvait que rejoindre notre combat et s'écrier : « Mais oui, vous avez raison, les attaques contre les petites filles, et l'enlèvement d'Estelle en est une démonstration, tous les problèmes d'inceste, toutes les histoires de viol au sein des familles, oui, toutes ces atteintes faites à ces femmes en devenir, c'est un combat que je mènerai avec vous ! »

Nous nous sommes rencontrés dans un bistrot. Elle nous a écoutés poliment. Je ne l'ai sentie ni émue ni même touchée intellectuellement. J'attendais un soutien, une aide officielle, qu'elle nous sorte un texte coupant comme un arrêt de Cour de cassation, quelque chose qui dirait, en substance : « Moi, la défenseure des femmes, je dis qu'il faut lutter contre les criminels sexuels, la pédophilie, l'inceste… » Un texte brillant, qui ferait date, qui secouerait les politiques. J'attendais qu'elle s'empare de ce combat. Voilà ce que j'attendais. Pas des belles paroles ni d'aide personnelle. Elle n'a pas semblé comprendre. Elle nous a regardés : « Mais c'est mon mari qui serait plus à même de vous répondre. »

Voilà.

J'ai la mémoire qui flanche, qui me joue des drôles de tours. Parfois, j'ai l'impression que je me crée des souvenirs. Cela m'inquiète. Par exemple, je suis certain d'être allé un jour à la DRPJ de Versailles me faire prendre en photo. L'Identité judiciaire avait besoin d'une photo de moi. Pour le cas où j'aurais eu l'intention de me sauver, peut-être… J'ai posé récemment la question à Stéfanie, chef de la cellule « Estelle ». Son mail de retour m'a laissé perplexe.

« Vous avez fait l'objet de frottis buccaux pour que votre empreinte génétique soit déterminée, mais pas de photo… »

Pourtant, je suis sûr de moi… Et ce n'est pas tout, je suis également certain que l'on a pris mes empreintes digitales. Je me revois appuyer mes pouces dans l'encre, et même chacun de mes doigts. Je me *vois* en train de mettre mes doigts dans l'encre à l'Identité judiciaire, dans les sous-sols de Versailles, tournant doucement mes mains pour imprimer chaque doigt de chaque main.

« Et pas non plus d'empreintes digitales », affirme Stéfanie dans son mail. Pourquoi me mentirait-elle ? Suis-je en train de devenir paranoïaque ? Je dois me reposer...

Lorsque, toujours incrédule, j'appelle Stéfanie, lui affirmant me souvenir de mes doigts dans l'encre, elle n'en démord pas. Non, pas d'empreintes digitales. Et elle ajoute : « Mais on aurait dû, parce que, si on avait retrouvé vos empreintes quelque part... » C'est sorti comme un cri du cœur ! Pense-t-elle encore possible que je sois l'assassin d'Estelle, que j'aie un lien avec sa disparition ? À moins que, peut-être, elle ait voulu dire le contraire, que mes empreintes pourraient permettre, en cas de doute, de me disculper totalement... Cela étant, mes empreintes, elle les a quand elle veut, Stéfanie. Elle me les demande gentiment, et je vais les lui donner.

Dominique me rassure. Tout cela est parfaitement normal, je ne suis pas en train de devenir fou. Ma confusion n'est que le résultat typique du choc traumatique. On mélange tout, le vrai et le faux. On mélange tout, parce que ça fait trop de choses accumulées, trop à la fois. Au bout d'un moment, le cerveau n'arrive plus à tout ranger, il ne s'y retrouve plus.

Avec la mère d'Estelle, depuis la disparition de notre fille, on ne se parle pas. À l'époque, nous ne nous parlions déjà plus que par avocats interposés. Elle m'avait trompé et mis à la porte de ma maison. Je n'oublie pas ça. Elle avait voulu me priver de mes enfants. Elle m'avait privé de mes filles. Elle bafouait le droit de visite. Les derniers temps, le week-end sur deux était devenu un week-end sur quatre. Elle avait toujours une bonne raison.

Aujourd'hui, je n'ai toujours pas envie de lui parler. Même dans l'horreur de ce qui nous est arrivé, nous ne nous sommes jamais retrouvés. Nous ne nous épaulons pas. C'est chacun dans son coin. Chacun sa vie. Je n'ai pas eu envie de la soutenir, et elle n'aurait pas voulu de mon soutien. Si le malheur sépare parfois ceux qui s'aiment, il ne réunit jamais ceux qui ne s'aiment plus. Au contraire, il les sépare davantage. On s'en veut, on se rejette la faute, on s'accuse. Alors mieux vaut se taire. De toute façon, elle est partie. Elle a tout laissé tomber. Elle a refait sa vie. Quand elle rentre en France, à peine une fois par an, nous ne nous voyons que pour d'impératives démarches administratives. L'été dernier, nous avons réfléchi à la mise en place de la procédure de disparition – le statut juridique d'Estelle s'opposerait à toute organisation d'une succession en cas de décès de l'un des membres de la famille. Elle m'a à nouveau posé sa question stupide. « Regarde-moi dans les yeux et jure-moi que ce n'est pas toi. »

Je me dis qu'elle est malade. Comment peut-on poser une question pareille ? Je pourrais lui rétorquer : « Regarde-moi dans les yeux et jure-moi que ce n'est pas Rainer. » Mais alors je rentrerais dans le même registre de folie qu'elle. Mais elle, qui doute de moi dont on a pourtant contrôlé les allées et venues, décortiqué l'emploi du temps et les appels téléphoniques, lui a-t-elle jamais posé la même question, à lui, l'ami allemand ?

Quand j'ai appris que ma petite fille rentrait seule de l'étude, je me suis efforcé de garder mon calme. De ne pas me laisser submerger par la colère. Je me suis simplement dit que c'était une conséquence de sa radinerie. Depuis qu'elle m'avait mis à la porte, elle ne cessait de se plaindre de sa situation financière. Elle travaillait, pourtant, elle était en charge des relations publiques d'une grande entreprise allemande, elle gagnait correctement sa vie et je lui versais une pension.

Avant, nous avions toujours eu quelqu'un à Guermantes pour s'occuper des enfants. Quand Estelle était petite, nous avions engagé une nounou à temps complet à la maison et elle était encore là quand je suis parti. C'était elle qui assurait les trajets quotidiens d'Estelle. Après mon départ, sa mère s'était arrangée autrement ; avec d'autres parents, ils avaient organisé un roulement pour les sorties d'école. Apparemment, cela ne fonctionnait plus. Depuis combien de temps, je ne le sais pas. Estelle restait à l'étude du soir, puis elle rentrait à pied avec des copines qui faisaient une partie du trajet avec elle. Je n'étais pas au courant. Notre maison était la dernière sur le chemin du retour, elle n'avait plus que quelques centaines de mètres à faire toute seule. Ce soir-là, quatre cents mètres avaient suffi.

Huit ans après, c'est plus fort que moi, je rumine toujours. Si Estelle n'avait pas été sur les routes, elle n'aurait pas été enlevée.

Sur elle, elle portait un petit bout de moi. Quelques mailles d'un lainage qui m'avait tenu chaud, à moi aussi, avant que je m'en lasse. Un pull-over rouge tricoté par ma mère à partir de la laine d'un de mes pulls recyclés. En juillet 2003, les enquêteurs étaient allés trouver ma mère chez elle. Ils avaient récupéré un échantillon de ce qui restait du détricotage de mon grand pull, des brins de laine rouge, pour les comparer avec ceux retrouvés dans la camionnette de Fourniret. Ils avaient pris sa déposition, je l'ai retrouvée dans la procédure. « Vers 2002, j'ai tricoté un petit pull rouge à Estelle, elle adorait cet ouvrage… » Ma mère était prévoyante : « J'en avais gardé dans ma boîte à ouvrage, en cas de réparation. » En cas de réparation… Peut-être, aussi, pour en retricoter un autre, lorsque celui-ci serait devenu trop petit. Lorsque Estelle aurait grandi.

Il faudrait enseigner quelques rudiments de psychologie aux divers services d'enquête et aux juges d'instruction. Avoir perdu votre enfant, être victime, ne vous octroie pas un quelconque traitement de faveur. Les mots brutaux vous seront assenés avec la même rudesse qu'à n'importe qui. Un moyen, peut-être, pour les enquêteurs de se garder de toute manifestation d'émotion. Lors de notre premier rendez-vous à la DRPJ de Versailles en janvier 2003, sans prendre particulièrement de gants, on nous avait expliqué que, dans la plupart des cas, un enfant enlevé meurt dans les heures qui suivent. Et que par conséquent, comme nous étions le 21, cela faisait douze jours, et donc c'était mal parti. En gros, on nous a annoncé ce jour-là que c'était fichu. Et débrouillez-vous avec ça. L'écrit ne prend guère plus de précautions que l'oral. Les courriers administratifs sont impersonnels et souvent glaçants.

Lorsque vous êtes seul, peu importe que vous vous trouviez dans un moment de faiblesse ou de chagrin, lorsque vous ouvrez l'enveloppe trouvée dans votre boîte aux lettres, et que vous lisez : « Les ossements retrouvés sont les restes d'un animal, vraisemblablement un chien », ce n'est pas toujours facile de rester ce bloc de marbre. Et ce n'est qu'un exemple.

En France, où l'on constitue aussitôt des cellules de soutien psychologique au moindre accident de la vie, rien n'est vraiment prévu pour accompagner les familles d'enfants disparus. On se retrouve seul avec sa douleur, à devoir soutenir ses proches, photocopier la photo de son enfant et aller soi-même l'afficher sur les cabines téléphoniques et dans les bureaux de poste. On n'imagine pas, tant qu'on n'y est pas confronté, ce que peut représenter de coller de tels avis de recherche. Aux États-Unis, il existe une structure mi-associative, mi-gouvernementale, le NCMEC[1], qui vient en aide aux familles, crée et diffuse les avis de recherche, apporte un soutien psychologique, lève des fonds, met en place de véritables campagnes de prévention. L'organisation est par ailleurs missionnée par le Congrès américain pour prendre en charge certains dossiers sensibles comme la traque des pédocriminels sur Internet.

---

1. National Center for Missing and Exploited Children.

Plus près de chez nous, après l'affaire Dutroux, les Belges ont réagi en créant Child Focus, une association inspirée du NCMEC américain. Les deux structures, l'une étant à peu près la copie de l'autre, ont en outre mis en service un dispositif, Amber Alert, qui, dès qu'un enlèvement est avéré, émet une alerte dans tout le pays. L'association belge dispose également d'une « Child Focus mobile », un monospace aménagé avec un scanner, une photocopieuse couleur et un ordinateur, et ils sont capables de se déplacer très vite sur les lieux d'un enlèvement, d'autant plus vite que la Belgique est un petit pays. Après obtention de la photo de l'enfant retenue pour figurer sur l'avis de recherche, ils composent cet avis en fonction des informations fournies par les policiers, les juges, la famille, et, dans l'heure qui suit leur arrivée, ils commencent déjà à éditer un avis de recherche standard, toujours le même, avec toujours le même numéro à trois chiffres à appeler et qui sera diffusé par des bénévoles encadrés par la structure.

En 2003, je suis allé à Washington, au siège du NCMEC. Estelle est inscrite dans les fichiers des personnes recherchées aux États-Unis. Puis, la même année, je suis allé en Belgique voir comment fonctionnait Child Focus. Là aussi, Estelle était inscrite. L'association belge travaille en partenariat avec la police, les juges, entretient des contacts privilégiés avec les enquêteurs et attribue à chaque dossier un « référent ». Pendant longtemps, j'avais une référente Child Focus en charge du dossier Estelle, qui centralisait toutes les informations, les triait et me faisait remonter celles qu'elle jugeait pertinentes. C'était exactement cela qu'il fallait faire chez nous. Je suis rentré en France, très déterminé et plein d'ardeur, avec un projet, des propositions concrètes, en particulier celle de mettre en place une structure s'inspirant du NCMEC, un équivalent du dispositif Amber Alert et un numéro d'appel à trois chiffres.

Mon petit projet bien ficelé sous le bras, je suis allé frapper aux portes des pouvoirs publics. J'étais accompagné des membres de l'association qui avaient rédigé le projet avec moi. J'ai rencontré des gens sympathiques, de bons représentants de l'esquive, de la non-réponse et du comment-gagner-du-temps-sans-jamais-passer-aux-choses-concrètes. J'ai d'abord sollicité un rendez-vous au ministère de l'Intérieur. J'ai été reçu par un conseiller de l'Élysée, Étienne Apaire. On m'a écouté, remercié, et on n'a rien fait. Pire, on m'a laissé entendre que je rêvais, que mes idées étaient irréalisables. En remontant les années avec mon Palm, je vois que le lendemain de ce rendez-vous, j'ai noté : « Remercier Apaire. » Ironie ? Je ne suis pas sûr de l'avoir fait.

Je ne me suis pas découragé. Je suis allé trouver d'autres politiques, des institutionnels, la défenseure des enfants de l'époque, Claire Brisset, des représentants du Parti socialiste (ce sont les seuls qui nous ont reçus), une « chargée de sécurité » pleine de sollicitude mais qui débarquait, ne connaissait rien à rien, nous a écoutés avec attention mais ne voyait pas ce qu'elle allait bien pouvoir faire de tout ça.

Près de trois ans plus tard – mais pourquoi avoir attendu si longtemps ? –, le 28 février 2006, le ministre de la Justice signait une « convention visant à mettre en place un système d'alerte de la population en cas d'enlèvement d'un enfant mineur avec des représentants du ministère de l'Intérieur et de l'Aménagement du territoire, du ministère de la Défense, du ministère des Transports, de l'Équipement, du Tourisme et de la Mer, du Conseil supérieur de l'audiovisuel, des principaux médias français (presse, radio, télévision), des sociétés de transports (SNCF, RATP, autoroutes) et des associations de victimes ».

« Ce dispositif s'inspire des systèmes "Ambert Alert" créés aux États-Unis en 1996 et au Québec en 2003. Il tient compte du rapport d'un groupe de travail interministériel ayant étudié la possibilité d'adapter ce type d'alerte en France à la demande de Mme Nicole Guedj, secrétaire d'État aux droits des victimes. [...] La décision de déclencher le plan "Alerte enlèvement" sera prise par le procureur de la République en étroite concertation avec les enquêteurs et après que le ministère de la Justice aura été consulté. »

« Alerte Enlèvement » venait enfin de voir le jour. Dès juillet 2003, nous avions présenté ce projet sur notre site. Plus de deux années perdues dans la mise en place de ce dispositif qui a prouvé depuis son efficacité. Merci M. Apaire.

Quelque temps plus tard, neuf « dames d'influence », dont Mme Bernadette Chirac, se réunissaient à Paris pour se pencher sur les disparitions d'enfants. Nous en sommes encore là, en France : aux hommes la direction des affaires de la nation, et à leurs épouses de jouer les dames patronnesses en charge des bonnes œuvres. C'est dire s'il y a du chemin à faire chez nous pour tout ce qui touche à l'enfance. Les neuf dames ont salué la mise en place d'un numéro unique pour les vingt-sept pays de l'Union européenne, le 116 000. Six chiffres au lieu des trois espérés, mais c'est tout de même mieux que les dix d'un numéro commençant par 0810... Il reste à présent à le faire connaître, à faire la promotion de ce numéro. Quoi qu'il en soit, c'est un progrès, même si, les premiers temps, le numéro d'appel ne fonctionnait pas le week-end. Mieux valait alors éviter de se faire enlever un dimanche...

Lorsque j'avais évoqué avec M. Apaire la créa-tion d'une structure dédiée aux affaires d'enlève-ment, il m'avait renvoyé dans mes buts. « Aucun intérêt. » Depuis, j'ai appris qu'une organisation, Missing Children Europe, est en train de se mettre en place, cornaquée par Mme Barroso, Mme Bar-nier et quelques autres. Donc cette structure, dont on m'avait dit qu'elle n'avait aucun sens, est en train de se monter au niveau européen. On ne nous a pas proposé de participer. C'est comme ça.

Aujourd'hui, à l'heure où j'écris ces pages, le dis-positif Alerte Enlèvement fonctionne, mais on n'a toujours pas d'organisme équivalent au NCMEC. On a le 116 000, qui est géré par SOS Enfants dis-parus, lui-même une émanation de la Fondation pour l'enfance, mais on n'a pas de retour sur son efficacité et il reste trop peu connu du grand public. Ce n'est toujours pas la structure de combat que nous demandons. Il y a aussi les gens du Missing Children Europe, dont on essaie de savoir exacte-ment ce qu'ils font mais qui semblent faire assez peu. Une partie des neuf dames y a rejoint Mmes Bar-roso et Barnier. C'est la châtelaine qui s'occupe de soigner les misères de son peuple. Pour moi, ce n'est rien d'autre, et ce n'est pas ça que nous réclamons. Au final, je me dis que c'est beaucoup d'énergie et de temps dépensés pour trois miettes.

La rumeur a été lancée à Guermantes, d'abord timide, puis elle s'est renforcée, a été reprise dans les procès-verbaux : « La rumeur dit que ce n'était pas sa fille… » Il fallait donc que j'entende ça aussi. Il ne me suffisait pas d'avoir perdu ma fille, il fallait nier ma paternité. Quels motifs pouvaient avoir ces gens-là, je me le demande encore. Estelle est pourtant bien ma fille. Les tests ADN pratiqués dans le cadre de l'enquête l'ont attesté.

Une des choses que je retiens de cette histoire, c'est que ce type d'affaire attire à vous les cinglés et les tordus de tout poil. Je ne parle pas des nombreux radiesthésistes et médiums qui ont toujours des révélations capitales à vous faire mais ne peuvent jamais rien vous dire au téléphone, et m'ont fait perdre un temps fou[1]. Ni des mythomanes en tout genre qui ont vu Estelle dans un supermarché, un aéroport, entendu un témoignage ou assisté à d'étranges cérémonies impliquant, bien sûr, les notables du coin, de préférence des politiques ou des ecclésiastiques haut placés. Ni de celle qui sonne à la porte de ma maison, la maison où sont nos enfants, en plein délire de persécution et qui

---

1. Je n'inclus pas ici une personne (qui se reconnaîtra) à qui, de façon irrationnelle et contradictoire, je continue d'accorder ma confiance même si, à ce jour, ses recherches demeurent désespérément vaines.

montre une arme cachée sous son gilet pare-balles. Ni de celui qui m'avait presque convaincu et m'avait trimballé dans sa voiture pour faire le guet dans une rue de Champigny-sur-Marne. Il avait l'air sérieux, il était ingénieur dans une société où je m'étais rendu pour une expertise. Il m'affirmait avoir vu Estelle entrer dans une maison de cette rue avec un homme qui la tenait par la main. Je l'ai cru, jusqu'à ce que, entendant le bruit d'un moteur d'hélicoptère, il m'explique qu'il a la DST aux trousses car il en sait trop… Il m'a fait perdre plusieurs heures. Ceux-là sont au mieux de doux dingues, au pire des mythomanes pas bien méchants. Une histoire comme celle d'Estelle fait remonter la folie d'un nombre incroyable de personnes : des gens en apparence parfaitement normaux adoptent des comportements totalement irrationnels. Ces gens basculent, ou bien leur folie trouve là un support pour s'exprimer.

Mais il y a les vrais tordus. Le premier auquel j'ai eu affaire, dès le dimanche suivant la disparition d'Estelle, fut Jacky, « le corbeau ». Il avait d'abord laissé un message sur le répondeur de l'école d'Estelle. Puis il avait appelé à Guermantes, chez mon ex-femme. J'étais là ce jour-là, et j'avais pris l'appel : « Bonjour, je suis chauffeur routier, je m'appelle Jacky… C'est pas moi qui ai eu l'idée de la prendre, la petite, c'est mon collègue de travail. C'est pas moi non plus qui l'ai violée. J'y suis pour rien. Je la mets dans le TGV et j'espère qu'elle ira bien plus tard. » Il avait donné un horaire de train, il était très précis. On y avait cru. On avait attendu, espéré. La gare d'Avignon avait été mise sous contrôle. Puis, très vite, on nous a dit : « Il n'y a rien. Il n'y a pas d'Estelle dans le train. » Voilà. Jacky avait fait une bonne blague. À Cavaillon, la cabine d'où il passait ses appels avait été rapidement localisée. Arrêté, il écoperait de deux ans de prison ferme. Il m'a écrit de sa prison. Pour s'excuser. Il a reconnu qu'il avait tout inventé, mais n'a jamais su expliquer pourquoi il avait fait ça. Un peu plus tard, il y a eu ces dessins d'enfant retrouvés dans une poubelle et portant l'inscription suivante, d'une écriture enfantine : « Je sais où est la petite Estelle. » Une autre fois encore, il y a eu ce SOS tracé à la main retrouvé à Grenoble, dans une liasse de gribouillages d'enfant : « Je suis Estelle, venez me chercher ! » Il y a les gamins qui ont juste voulu s'amuser avec le téléphone, lançant des appels de détresse bidon. Des plaisanteries de gosses qui mobilisent l'énergie des policiers. Chaque fois, il faut se déplacer, vérifier les appels téléphoniques, procéder à des analyses graphologiques, enquêter, décrypter. Du temps perdu, gâché. Pour rien.

Depuis le premier jour, je m'épuise dans la médiatisation. Dès le début je suis tombé dedans. Je partais d'un principe simple : plus j'allais dire ce qui s'était passé, plus j'allais apparaître, et plus j'allais avoir de chances que quelqu'un parle. Je me disais que, malgré tout, le ravisseur était un être humain, et que, à force de m'entendre, à force de me voir, il se dénoncerait. J'étais dans l'illusion totale.

J'ai commencé par faire tous les journaux télévisés de 20 heures et de 13 heures, toutes les grandes radios, accepté de répondre à toutes les demandes d'interviews de la presse écrite. Puis, de façon de plus en plus espacée jusqu'à maintenant, je suis allé régulièrement faire le guignol sur des plateaux de télé pas toujours adaptés, mais ça, vous ne pouvez pas le savoir avant. Et une fois que vous êtes dans la boîte...

Les médias et moi, on s'utilise mutuellement. Eux pour faire de l'audience, moi pour tenter de faire passer des idées, des propositions, pour pousser un coup de gueule à l'occasion. Mais depuis quelque temps, j'ai plutôt l'impression que ce sont eux qui m'instrumentalisent. Ainsi, dernièrement, j'avais accepté d'aller faire mon numéro pour une nouvelle émission d'enquête sur une grande chaîne privée. J'avais cru à une émission sérieuse. Ils étaient venus deux fois chez moi pour me poser leurs questions et me filmer. Trois heures de tournage, puis à nouveau trois heures parce que les premiers rushes ne leur convenaient pas. Première surprise : au visionnage, c'est le représentant du service de communication de la police nationale qui valide le reportage. Deuxième surprise : le reportage visionné à ce moment-là, une fois passé à la moulinette du montage, ne contenait que des propos édulcorés alors qu'à gauche de l'écran s'affichait un plan fixe de mon visage avec le seul regard humide que le journaliste, en habile tortionnaire, était parvenu à accrocher. Troisième surprise : grâce à de vieilles images datant de 2003, la mère d'Estelle s'exprimait deux fois plus que moi. Quatrième surprise : sur le plateau, je n'étais pas seul, on m'avait collé un « chaperon » en la personne du patron de la DRPJ de Versailles. Cinquième surprise : l'animatrice n'était pas au courant que, si j'étais là, si je m'étais prêté à tout ce cirque, c'était dans le seul but de lancer un nouvel appel à témoins accompagné de la diffusion du « portrait vieilli » d'Estelle, et de lire un appel au ravisseur. J'avais beaucoup travaillé pour rédiger ce message. Ce n'est pas anodin de s'adresser au ravisseur de son enfant, c'est se confronter à personnaliser celui qui vous l'a enlevé, lui a fait du mal et l'a tué. J'ai dû insister. Ma démarche dérangeait, je perturbais le bon déroulement de l'enregistrement, le minutage des prises de parole sur le plateau et, indirectement, l'opération de communication bien huilée du ministère de l'Intérieur et de l'Élysée via le patron de la DRPJ. Il a fallu interrompre l'enregistrement, effectuer quelques réajustements. Lorsque le tournage a repris, un peu décontenancé, j'ai lu mon appel, tenant devant mes yeux, dans ma main devenue moite, la feuille A4 salie et chiffonnée sur laquelle j'avais imprimé mon message. La sixième et dernière surprise, ce fut lors de la diffusion, ce mardi soir de janvier 2010, en seconde partie de soirée, de l'émission : mon appel, tronqué, non annoncé, mal présenté, à peine audible, passait complètement inaperçu. Le lendemain, pour la première fois en sept ans, j'ai été malade, vomissant un trop-plein de rage, de tristesse et d'impuissance.

Ce n'était pas très « lacrymal », un appel au ravisseur. Ce n'était peut-être pas non plus très médiatiquement correct. J'en arrive à me demander, après cette expérience malheureuse, ce que veulent les médias. Et pour qui ils travaillent, du moins certains d'entre eux. Les médias veulent de l'émotion, bien sûr, parce que l'émotion va avec le discours compassionnel entretenu par les politiques. Des politiques qui ne peuvent rien, ne font rien, ou si peu. Ils ne peuvent rien parce que des cinglés, des détraqués sexuels, il y en a toujours eu et il y en aura toujours. Et que des affaires comme celle d'Estelle, Dieu merci, restent extrêmement rares.

Et si vraiment on voulait faire quelque chose, parviendrait-on à un résultat ? Parviendrait-on à soigner tous ces malades qui s'attaquent aux enfants, en font commerce, les violent, les tuent ? Et je ne parle pas seulement des enlèvements, mais je pense aux viols incestueux, à la pédophilie au sein des familles élargies. Combien d'enfants abusés ? Ne faudrait-il pas commencer par changer notre vision de la prison, cesser de jeter ces gens dans des cloaques où ils se violent entre eux, se déshumanisent, s'animalisent ? Si c'est moi qui dis ça, on va me dire que je suis tombé sur la tête. Pourtant, avant d'être des monstres, ces types sont malades, ils ont besoin de soins, ils y ont droit. Il faudrait déjà se demander pourquoi ils en sont arrivés là, et faire de la prévention. Au lieu de les mettre dans des prisons poubelles, il faudrait commencer par les faire vivre dans des conditions humaines, les suivre, les analyser, évaluer leur dangerosité, les soigner. Mais cela fait bien longtemps que notre psychiatrie, ou ce qu'il en reste après son démantèlement organisé, est malade. Les fous sont dans la rue. Ils marchent à côté de nos enfants et, parfois, ils leur prennent la main.

Nos politiques ne font rien parce que traiter un tel sujet nécessiterait un changement complet de vision de la société et des relations humaines. Peut-être ai-je une vision utopique de tout cela, mais je revendique l'utopie comme fondement de l'action. L'utopie doit être un but.

Dans leur essai *Le Temps des victimes*, Caroline Eliacheff et Daniel Soulez Larivière expliquent que, parfois, les victimes ont un petit peu trop tendance à penser que, parce qu'elles parlent dans la presse et qu'on leur tend un micro, ça va régler leurs problèmes. C'est peut-être vrai. Mais ils omettent de parler de l'instrumentalisation des victimes par les pouvoirs politiques... Les auteurs eux-mêmes ne font-ils pas commerce des victimes ?

Pour conclure sur cette histoire d'émission de télé à grand spectacle, je dirais que, sans aller jusqu'à me considérer comme une « double victime » condamnée à une « double peine », j'ai le sentiment d'avoir été manipulé, instrumentalisé. On vient me filmer chez moi, on guette mes yeux humides, on me fait déplacer sur le plateau, on me prend cinq heures de mon temps, le tout en me faisant croire que ça a du sens et que ça va effectivement s'intégrer dans une démarche d'enquête ; et au bout du compte on ne fait rien pour que le plus important pour moi, ce qui est peut-être mon dernier espoir, cet appel à témoins, soit rediffusé largement, de façon efficace et que, derrière, on puisse en tirer quelque chose. Donc on est, là encore, dans le n'importe quoi.

Qu'attendaient-ils vraiment d'une émission qui passe à minuit, diffusant un appel tronqué, lequel n'a pas été repris par le moindre support ? Qu'aujourd'hui politiques et enquêteurs s'investissent dans une telle gesticulation médiatique me laisse à penser que le passé, les grandes déclarations, les appels de Nicolas, les rendez-vous dans les différents ministères, les journées des victimes, tout cela aussi était de la gesticulation médiatique. Pas du travail de fond.

Alors que puis-je attendre d'une institution qui va fonctionner dans ce registre-là ? Rien. Il n'y a rien à en attendre quand on voit tout ça. Il n'y a rien à attendre d'eux. Donc, sauf miracle, on ne saura jamais. C'est ce que ça veut dire.

Il m'arrive d'être tiraillé par deux forces contraires. D'un côté, la force de la vie ; de l'autre, l'attirance morbide. Pour moi, c'est comme les ballons d'équilibre de pression, dans les circuits de chauffage, qui sont séparés par une membrane : vous avez de l'eau et de l'air, et, en fonction de la pression d'air que vous mettez, vous régulez la pression d'eau dans le système. Moi je subis deux forces d'attraction, l'une pour la vie, l'autre pour la mort ; et quand le morbide domine, j'ai le sentiment que la membrane se déforme et va chasser tout ce qui reste d'attirance pour la vie. Une trop forte pression morbide réduit mon air vital, alors je me sens étouffer. Dans ces moments de déséquilibre, je ne peux plus me projeter dans l'avenir, je ne suis plus en état de bâtir quoi que ce soit, je n'ai plus envie de rire ni de faire la fête. Je suis éteint. Je dois me faire violence pour insuffler du désir de vie dans mon système intérieur. Ne pas me laisser écraser jusqu'au point de non-retour.

L'idée m'est venue : il faut matérialiser l'endroit où Estelle a disparu. Car c'est la seule certitude que nous avons, celle du lieu de sa disparition. Le reste, ce qui s'est passé, la mort d'Estelle, tout cela n'est que supposé, rien n'est vérifié, il n'y a aucune certitude. Alors j'ai pensé à ça. Une plaque, une stèle, une statue peut-être.

Très vite on m'a fait comprendre que l'idée de la statue heurtait le conseil municipal de Guermantes, qui appréciait très peu que « l'affaire Estelle » ternisse l'image de marque du village modèle. Alors on a planté un arbre. Un cerisier du Japon, à l'endroit où Estelle a été vue pour la dernière fois.

La plantation de cet arbre, à la fin d'une marche de 9 janvier, n'a pas été facile. Une fois l'arbre positionné dans son trou, il a fallu combler le vide avec la terre. Nous avons chacun jeté notre pelletée. Plantation ou inhumation ?

Depuis, chaque 9 janvier, nous nous retrouvons autour de cet arbre. Et chaque fois je me félicite de cette décision.

Nous aurions mis une statue de granit semblable à celles qui garnissent les cimetières bretons de mon enfance, nous nous serions trouvés dans la mort figée. Alors que là, chaque printemps, la floraison de notre cerisier éclate comme un message de vie. Cet arbre est le symbole de la vie et fait la nique à celui qui a enlevé Estelle mais qui n'aura pas réussi à nous détruire.

Quand on vous annonce « Michel Fourniret veut vous voir », cela fait drôle. Il a toujours dit qu'il n'y était pour rien, que le 9 janvier il était chez lui, en Belgique, qu'un appel à son fils, qui ne s'en souvient pas, en attestait. Bien sûr, le bonhomme est un pervers, un manipulateur. Bien sûr, des photos d'Estelle ont été retrouvées dans son ordinateur. Bien sûr, une de ses victimes avérées portait des bottes blanches, comme Estelle. Alors j'ai dit : « Si vous pensez que cela peut apporter quelque chose à l'enquête, j'y vais. Si c'est juste pour faire plaisir à Fourniret, parce qu'il a un peu de temps à perdre en prison et qu'il s'ennuie, que ça le remettrait au centre de la terre, je n'y vais pas. »

Pourquoi voulait-il me voir ? Parce qu'il n'a rien à faire. Parce que, s'il peut mettre un peu de bazar chez quelqu'un, ça doit lui faire plaisir. Je sais que, s'il peut semer un peu de mal au passage, il ne s'en privera pas. Je suis demeuré froid. Je n'ai pas bâti de scénario, je n'ai pas voulu associer Estelle à tout ça, à tout ce qu'on racontait des agissements de ce type et de sa complice. Je n'ai pas accepté, je n'ai pas refusé. J'ai juste prévenu : « Si jamais je dois rencontrer Fourniret, je ne veux pas y aller comme un mouton qui va à l'abattoir. Je veux savoir comment je dois réagir face à un abruti comme ça. » À quoi on m'a répondu : « On va vous mettre avec un négociateur du GIGN qui va vous former à tenir une conversation avec quelqu'un comme Fourniret. » Ils avaient l'habitude, il y a des techniques pour ne pas se laisser déstabiliser par un connard.

Je n'ai pas rencontré Fourniret. Je n'ai pas vu le type du GIGN. Je n'en ai plus jamais entendu parler.

Je voudrais retrouver une vie normale. Pouvoir à nouveau rire, faire l'imbécile sans me cacher ; faire la fête, plaisanter sans qu'aussitôt on me regarde de travers : « Avec ce qu'il a vécu, comment peut-il être si gai ? » Suis-je condamné au chagrin à perpétuité ? À afficher une gueule d'enterrement lors de chacune de mes apparitions sous peine d'être catalogué « sans cœur », dur, indifférent ? Le regard des autres est terriblement censurant. Interdit de rire. Je suis Éric Mouzin, le père de la petite Estelle disparue. Je suis un bloc de souffrance et cela doit se voir. Toute autre attitude serait indécente. Chaque fois qu'une télévision me filme, le journaliste me pose des questions qui se veulent emplies d'une compassion sirupeuse : « Comment supportez-vous ? », « Pensez-vous souvent à Estelle ? », « Avez-vous encore l'espoir de la revoir vivante ? », guettant un regard humide de père éploré à enfermer dans sa boîte à images. Le visage brisé, c'est le masque du médiatiquement correct. Quand on a endossé les habits de victime, c'est difficile de changer de costume.

Je suis une victime. Une double victime. Je suis victime de celui qui a enlevé Estelle, et je suis victime de la victimisation. Une fois que vous avez été reconnu victime, vous êtes catalogué, classé, rangé. Vous avez un certain nombre de devoirs, à commencer par celui de vous taire. Désormais, on parlera pour vous. C'est un peu comme si le statut de victime vous interdisait d'agir, d'avoir une pensée propre. Vous vous retrouvez dans une situation d'enfermement. Vous appartenez à un groupe, au détriment de votre individualité. On n'a de cesse de nous rebattre les oreilles avec les « droits des victimes ». Quels sont ces droits ?

Au ministère de l'Intérieur, du temps de Nicolas, une cellule avait été mise en place, qui s'occupait des victimes. Chaque année était organisée une grand-messe des associations de victimes : on regroupait toutes les associations dans une espèce de fourre-tout où se côtoyaient sous une même étiquette les femmes battues, la jeune fille pakistanaise brûlée vive par son fiancé, les parents d'enfants victimes du jeu du foulard, les associations contre l'homophobie, SOS Attentats, les victimes de la violence routière... et on nous montrait tout ce qu'on avait fait pour elles lors de l'année écoulée, on organisait des ateliers dont la synthèse était déjà prête avant de commencer, et on faisait mine de nous donner la parole. Cet hétéroclisme permet de s'en tenir à des questions générales ; à la moindre question plus personnelle, on vous reprochera de tout ramener à votre nombril. Lors d'un de ces rassemblements, nous avions eu droit à la visite de Nicolas. Je me souviens, c'était à l'école de police de Saclay. La salle avait été fouillée de fond en comble avec des chiens, à la recherche d'explosifs. Les cow-boys étaient là, tendus, prêts à en découdre. Des tireurs d'élite s'étaient positionnés sur les toits et on avait monté une unité de premiers soins d'urgence. Pendant tout le temps qu'avait duré sa visite, un hélicoptère tournait en boucle. La présence du ministre s'apparentait davantage à une entreprise de communication parfaitement orchestrée.

Bien plus tard, j'ai compris le malaise ressenti au cours de cette réunion. Toutes ces associations avaient été créées parce que, à un moment, la société n'avait pas pu, n'avait pas su apporter sa protection à l'un de ses membres. Et là, ce déploiement de moyens au service d'un homme, au sein d'une école de police, avait quelque chose d'obscène.

Je ne veux pas faire partie de ce troupeau. Je ne suis pas un mouton. Je ne veux pas que l'on m'empêche d'agir et de jouer mon rôle de poil à gratter. Je ne veux pas servir de faire-valoir à un politique, de quelque bord que ce soit. Je veux pouvoir poser des questions dérangeantes, m'élever contre des anomalies, mettre en évidence les dysfonctionnements. Je ne veux pas être coulé dans un moule. Si l'on se laisse enfermer dans le rôle de victime, le moment va arriver où nous allons courber l'échine. À trop être pris en charge, on se laisse faire. Vous rendre victime, c'est vous empêcher d'être révolté.

Je rencontre beaucoup de parents d'enfants disparus. On se serre les coudes, on se fait du bien, on se fait du mal aussi. Quand je les regarde, je vois un défilé de souffrance. Je vois la cohorte des brisés. Je vois des gens au regard éteint, comme s'il n'y avait plus rien derrière. Il y a du découragement, de la peine, un sentiment d'injustice, parfois de révolte. Il y a ceux qui ont essayé de bouger, mais ça ne s'est pas bien passé. Et il y a ceux qui n'ont plus envie de bouger. Ceux pour qui le temps s'est arrêté au moment de la disparition, de l'enlèvement, de l'assassinat. Il y a ceux qui veulent passer à autre chose, mais qui n'osent pas. Pas encore. Quand je regarde passer la longue cohorte des brisés, je vois des gens dont on a l'impression qu'on a coupé les ficelles de la marionnette. Comme on se rassemble toujours autour du même thème, on a l'impression qu'ils n'ont pas d'autre vie. Peut-être suis-je dans la même situation, et dans l'impossibilité de le voir.

À l'initiative de l'association Estelle, nous avons instauré en France la Journée des enfants disparus, selon le modèle américain. Chaque année depuis 2003, le 25 mai, nous organisons un grand rassemblement public, ouvert à tous, qui donne la possibilité à toutes les familles, à toutes les associations, de prendre la parole. Au-delà de l'émotion, mon sentiment est celui d'un immense gâchis. Je ne peux m'empêcher de penser que, si les enquêtes étaient menées correctement, si les familles étaient tenues informées dans la transparence et la bienveillance par les services policiers et judiciaires, toutes ces familles n'auraient pas besoin de ces journées douloureuses pour qu'on s'intéresse à leur douleur. L'absence d'humanité avec laquelle on nous traite, nous les parents d'enfants disparus, finit par développer des comportements paranoïaques : on nous cache tout, on ne nous dit rien. On ne peut se reconstruire sur du doute et de l'incertitude. Il faut aider les familles à passer à autre chose.

Parfois, j'en ai marre. Je me sens inutile. Je me demande pourquoi je fais tout ça. J'en ai assez d'évoluer dans ce milieu un peu glauque, cela finit par être pesant. J'aimerais retrouver un peu de légèreté. Même si le monde associatif réunit plein d'énergies, que l'on a affaire à des gens combatifs, même si on arrive à communiquer sur le ton de la rigolade, on sait que, derrière, dans les sacs à dos, il y a du lourd. Chacun sait ce que l'autre porte, on est tous plombés, et on peut difficilement organiser un grand méchoui sous les oliviers où on va rigoler un bon coup...

Le père de Marion Wagon a tourné la page. Je l'avais rencontré à l'occasion de l'émission de télévision de Bernard Tapie, qui avait mal tourné et dont on était partis ensemble en claquant la porte car il nous proposait de débattre sur le plateau avec un pédophile « repenti ». Il ne veut plus parler de tout ça. Je ne crois pas qu'il ait pu « faire son deuil », selon la formule consacrée que je trouve totalement vide de sens. Peut-être a-t-il simplement voulu mettre fin à une recherche épuisante. Alors je ne l'appelle plus, je respecte sa décision. Moi, je continue. Pourtant, le moment n'est-il pas venu, pour moi aussi, de tourner la page ? Suis-je capable de me fabriquer un avenir sans Estelle ? Faut-il avoir renoncé pour revivre vraiment ? Qu'est-ce qui me pousse à continuer, à me battre contre des moulins, à m'acharner à vouloir remplir le vide jusqu'au trop-plein, jusqu'à l'épuisement ? La peur du vide, peut-être ? Car comment sort-on de tout ça ? Comment fait-on ? Un jour, il va bien falloir passer à autre chose, reconnaître que l'on n'attend plus rien. Mais qui peut savoir de quoi demain sera fait ? Qui peut m'assurer que demain il n'y aura pas un élément nouveau qui fera tout repartir ?

Je n'ai pas le droit de prendre ce risque. Le risque de voir se refermer une enquête alors que plus tard peut-être... Je suis fatigué, j'ai de plus en plus de mal à avancer, à mettre un pied devant l'autre, une réunion devant un rendez-vous, une radio devant une télévision, un appel devant un communiqué, un mot devant l'autre. Mon costume trois pièces, Monsieur Disparition, Monsieur Media, Monsieur Victimes, pèse de plus en plus lourd sur mes épaules que je suis pourtant supposé avoir solides. Mais si j'arrête, ils vont refermer le dossier. Il n'y aura plus de cellule « Estelle ». On se dira : si même lui abandonne, si lui aussi baisse les bras, alors à quoi bon ? Et moi, j'aurai le sentiment d'avoir perdu Estelle une troisième fois. Alors je continue.

Parfois, j'ai envie de hurler. Hurler pour dire que je ne suis pas que ça. Je ne suis pas que ce type dépassé et dépressif, tour à tour en colère et désespéré. Moi aussi, je vis. J'aime et je suis aimé. J'ai une famille, une compagne, des enfants, avec lesquels je pars en vacances, découvre des pays, élabore des projets, rencontre des gens nouveaux qui ne savent rien de l'« autre vie », celle que je raconte ici et qui semble prendre toute la place. Ensemble, eux et moi, on partage des rires, des musiques, on va au cinéma, au concert, au théâtre.

Une vie normale, en somme. Ou presque. Mes enfants achèvent leurs études, je suis fier de leur réussite. Dominique, en huit ans de vie commune, ne m'a jamais lâché la main. Chaque jour, elle me communique sa bonne humeur et sa joie de vivre. Ce n'est pas de la compassion, elle n'est pas là pour me consoler. Simplement, nous vivons comme n'importe quel couple, avec ses moments de doute, ses orages, mais aussi ses moments de grâce, ses rires. Elle est ma complice, pas ma bouée de sauvetage. Sa force ne compense pas ma faiblesse, elle vient décupler la mienne.

Non, je ne suis pas que ça, ce bonhomme qu'on met à l'écran le regard humide, habité d'une colère sourde et d'une souffrance glacée.

À l'association, je m'autorise à rire. Lorsqu'on fait nos réunions, on n'est pas tous là avec nos paquets de Kleenex. Améliorer l'homme et la société, nous y croyons. Et pour agir, nous devons être dans l'action joyeuse. Sinon, on ne fera rien. Pleurer dans les bras les uns des autres ne fait pas avancer. Les larmes nous maintiennent dans un présent douloureux, elles ne nous permettent pas de nous projeter dans un avenir souriant. En pleurant, on fait du surplace. Et pour se projeter, se jeter en avant, il faut être dynamique. C'est peut-être à l'association que j'ai le mieux réussi à appliquer le conseil de Philippe Val. Dans nos réunions, il y a une ambiance peut-être pas festive, mais une ambiance joyeuse, chaleureuse. On y plaisante, on y rigole. Les politiques nous fournissent parfois de bons prétextes, comme lorsque Rachida Dati, lors d'une réunion au ministère de la Justice, interrogée sur le

127

nombre de dossiers similaires à celui d'Estelle par un membre de l'association, bafouille une réponse surréaliste, « On ne sait pas, parce qu'il y en a qui disparaissent, d'autres que l'on retrouve ». Notre rire est cependant jaune face à cette incurie. On n'a pas de tabou, pas d'interdit. Bien sûr, lorsqu'on subit des échecs, qu'on ne se sent pas entendu, on ne se tape pas sur les cuisses, mais le reste du temps nous évitons les rapports trop sérieux, bannissons le mode éploré et les idées noires. Je crois que, réellement, nous prenons plaisir à ces réunions. Nous aimons nous retrouver, nous nous comprenons sans avoir à prendre des mines de circonstance. On se soutient sans les mots pour le dire, on sait que l'on peut compter les uns sur les autres. On échange, on avance, on est dans une dynamique de construction, de mise au point de propositions et de projets, on a une énergie folle. Un moment, on s'est même dit que si nous avions mis une énergie pareille dans la création d'une entreprise lucrative, nous serions aujourd'hui multimilliardaires…

C'est terrible, la culpabilité, ça vous ronge, ça ne vous lâche pas, ça ne se raisonne pas. Elle est là, tapie en vous, impossible à déloger. Plus vous réfléchissez, plus vous l'alimentez. Autant pour les événements où je n'étais pas impliqué directement, comme l'organisation du quotidien d'Estelle, je ne ressens aucune culpabilité, autant pour ceux où je me sentais acteur, et pour lesquels je me trouve confronté à l'absence de réussite, je ne cesse de me torturer. Qu'ai-je mal fait ? Cette question tourne en boucle, vient hanter mes réveils nocturnes, comme ces trois autres questions auxquelles, depuis près de huit ans, je n'ai pas été capable d'apporter le plus petit élément de réponse : Que s'est-il passé le 9 janvier 2003 ? Où est Estelle ? Qui l'a enlevée ?

Je me sens coupable. Coupable, surtout, de mon impuissance à retrouver ma fille dans les premiers jours, quand je courais dans la neige, trébuchais dans la gadoue en criant son prénom, quand j'entendais quasiment ses appels au secours. J'imaginais Estelle m'appelant à l'aide, comme elle l'avait toujours fait pour les choses sans importance, ces petits bobos du quotidien quand l'enfant appelle papa-Superman pour tout arranger. Ce n'est pas grave, ce n'est rien, c'est fini, papa est là. Rien ne peut t'arriver puisque papa est là. Au lieu de quoi je m'étais épuisé en gesticulations vaines.

Je me sens coupable. Ai-je engagé les bonnes actions ? Ai-je eu les bonnes idées ? Ai-je donné aux enquêteurs toutes les informations utiles ? Y a-t-il des choses que je n'ai pas su voir, des mots que je n'ai pas su entendre, des broutilles qui n'ont pas attiré mon attention et qui auraient dû m'alerter ?

Je me sens coupable. Pourquoi n'avais-je pas davantage questionné Estelle sur son quotidien à Guermantes ? Comment a-t-il été possible qu'elle rentre seule de l'école sans que je l'aie su ? Et quand bien même, me serais-je seulement demandé si c'était une bonne idée qu'une petite fille de neuf ans rentre seule à pied, le soir, en plein hiver ? Guermantes était un endroit si paisible. Il ne s'y passait jamais rien. Personne ne se méfiait de personne, tout le monde se connaissait. Aurais-je pensé à un éventuel danger ? Aurais-je réagi ? Me serais-je insurgé, comme je l'ai fait après, contre cette idée, l'idée de sa mère à qui je n'arrive pas à pardonner ce qui, aujourd'hui, m'apparaît comme un manquement élémentaire à la sécurité de notre enfant ? Et si, pourtant, le problème n'était pas là ? Demander à un enfant de rentrer seul de l'école, c'est aussi l'aider à acquérir son autonomie. Le vrai problème n'est pas tant de laisser une enfant de neuf ans rentrer seule dans le noir, c'est que des malades fassent de cette autonomie un danger.

Je me sens coupable. Je suis en situation d'échec. J'ai failli dans mon rôle de père, je n'ai pas su protéger mon enfant. Je suis toujours incapable, après huit ans à me démener, de dire à mes parents ce qui s'est passé.

Je me sens coupable de ce que j'ai fait et qui n'a servi à rien. Je me sens coupable de ce que je n'ai pas fait ou mal fait.

Je me sens coupable. Pourquoi écris-je ce livre ? Est-ce une étape nécessaire ? Un exutoire ? Un aboutissement ? Un premier pas vers l'acceptation du constat d'enlisement de l'enquête et de sa probable absence définitive de réussite ? Ou bien est-ce un moyen de me disculper, d'inspirer une compassion dont je ne cesse de crier que je n'en veux pas ?

Cela fera huit ans en janvier prochain qu'Estelle a disparu. Huit ans que ma vie a basculé. Les atermoiements de la justice, Fourniret, le manque d'informations concernant l'enquête, l'inertie des politiques quand il ne s'agit pas de pure hypocrisie, mon sentiment d'avoir été, d'être encore, instrumentalisé par certains médias à la botte des politiques, tout ce qui m'avait régulièrement mis en colère, révolté, se trouve aujourd'hui pondéré par la découverte progressive de l'extrême complexité de la société dans laquelle nous tentons de vivre. Ma colère s'est transformée peu à peu en un malaise diffus, sournois, mais bien réel. Avant, je me laissais aller à avoir une vision simple des gens, une vision simpliste même, il y avait d'un côté le bien, de l'autre le mal. Avant, c'était clair : le bien, c'était moi et ceux qui me ressemblaient, partageaient mes valeurs ; le mal, c'était les autres. Et puis le schéma d'avant s'effondre et plus rien n'est simple. À présent, ma vision du monde extérieur est chamboulée. Je ne peux plus rien voir comme avant. Je ne peux plus rien faire comme avant. Chaque fois que je rencontre quelqu'un, je ne peux m'empêcher de me dire : « Il a l'air normal, mais finalement, l'est-il vraiment ? » Je suis devenu méfiant à l'égard de tout le monde, de toutes les situations. Je me suis trop souvent fait avoir. Et même si, avec l'expérience, je repère plus facilement les personnalités ambiguës, je ne suis pas un professionnel de l'évaluation du comportement humain, je n'ai pas les grilles d'analyse qui me permettent de dire si l'on me mène en bateau, si on affabule, si j'ai affaire à un cinglé de plus. Voilà où j'en suis. J'ai le sentiment d'avoir basculé dans le monde anormal. Dans ce monde-là, tout le monde est suspect : moi, mon voisin, le copain de mon ex-femme ; il n'y a plus les gentils et les méchants, tout le monde est instable, tout le monde est faillible. La neutralité n'existe plus. Quand je parle avec un policier et qu'il me demande si j'ai bien mangé à midi, je suis aussitôt sur la défensive. Plus rien ni personne n'est innocent.

Du côté de l'enquête non plus, rien n'est simple. Avec les années, j'ai pris conscience de toute sa complexité. Je vois aussi ce qui déraille, les failles et les défaillances d'un système victime de sa lourdeur, du manque de communication d'un service à l'autre et d'une juridiction à l'autre, le manque de moyens, la perte des scellés, les archaïsmes. À l'ère d'Internet et de la mondialisation, les policiers travaillent encore avec les méthodes de papa. Des photocopieuses qui bourrent ou sont à court de toner ont à peine pris le relais du papier carbone des films de Gabin. En 2008, les cent douze mille pages des quatre-vingt-huit tomes de la procédure attendaient encore d'être numérisées, avec un seul bonhomme préposé au scanner. J'ai vu les dysfonctionnements qui retardent un interrogatoire, repoussent une analyse, reportent une audience chez le juge, bloquent le travail des avocats, me maintiennent dans l'ignorance. Dans le domaine de la justice, combien de fois ai-je eu affaire à des juges surmenés, « largués » dans le dossier, ne parvenant pas à obtenir les informations qu'ils demandent, qui déploient une énergie phénoménale à lancer des commissions rogatoires internationales à la complexité administrative sidérante. Les choses piétinent, rien n'avance comme on le voudrait. Dernièrement, on a récupéré deux mille poils et cheveux qui avaient été saisis dans la camionnette de Fourniret. Combien de familles attendent ces analyses, combien d'autres familles dont un enfant a disparu et qui espèrent tout de ces résultats ? Combien d'enquêteurs y travaillent réellement ? C'est pourtant simple : dans une affaire pareille – il s'agit tout de même de

Fourniret –, on met le paquet, on analyse les poils, on communique les résultats à tout ce petit monde, on dit « Oui, on a trouvé » ou « Non, cela ne correspond pas », et on avance ! Eh bien, non. Rien n'avance. On ne fait rien. Alors que fait la justice, en attendant ? Où sont-ils, ces poils ? Ma hantise, c'est qu'on les perde. C'est grave. C'est pourtant simple : ils ont été répartis en huit groupes, il suffit à présent de procéder aux comparaisons. Pour cela, ils disposent des cheveux d'Estelle prélevés sur sa brosse. Pourquoi est-ce si long ? Depuis le début, tout est long, tout est compliqué. Encore une fois, que font-ils ? Je sais que, à Versailles, il y a « deux écoles » : Fourniret et pas Fourniret. En fonction des « cours de la Bourse », l'école « pas Fourniret » va dire : « On ne va pas perdre de temps avec ça », et l'école Fourniret corrigera : « Il faudrait quand même effectuer ces analyses. » Et nous, on est pris au milieu de tout ça. On n'a aucun pouvoir, tout juste celui de poser des questions auxquelles on n'a pas souvent de réponses. Et on attend.

Lors d'une récente réunion chez le juge, mon avocat a émis une suggestion pertinente : « Il faudrait pouvoir mutualiser les investigations de tous les dossiers Fourniret, qu'un fonds spécial soit mis en place, que les coûts de ces analyses-là soient pris en charge par ce fonds spécial et que les résultats soient mis à disposition des juges d'instruction quand ils pensent qu'ils pourraient retrouver quelque chose dans ces dossiers-là. » Cela semble frappé au sceau du bon sens. Eh bien, il paraît que ce n'est pas possible. Parce que chaque juge d'instruction a son dossier et que vous ne pouvez pas débloquer comme ça des crédits de mutualisation des dépenses. En conclusion, un type comme Fourniret se trouve protégé par le système !

J'ai l'impression, depuis bientôt huit ans, d'escalader en vain une dune de sable fin. À chaque nouvel élément, je grimpe de quelques mètres, j'ai l'impression que l'on progresse, on avance, et puis mes pieds s'enfoncent dans le sable qui dégringole, je crois que je vais y arriver, et patatras, tout s'effondre à nouveau, je me retrouve au point de départ. Je veux encore croire que j'atteindrai un jour le sommet avant d'être emporté par la vague.

Arthur et Lucie sont grands, à présent. Ils ont moins besoin de moi. Ils ne pleurent plus. Mais il y a les enfants des autres. Les petits enfants qui crient dans rue. Les bruits des cours de récréation, des jardins publics. Quand je vois une petite fille de neuf ans, en général, je m'éloigne. J'ai trop mal. Je me mets à penser, et je préfère éviter. Quand je vois des petites filles rieuses, qui font les clowns, je supporte mal. Je ne peux m'empêcher de me dire que ça ne va pas durer, que tout cela peut s'arrêter d'un coup. Je ne vois que les petites filles. Les petits garçons, je ne les remarque pas. J'ai l'impression qu'il n'y a pas de petits garçons de neuf ans. C'est ça, il n'y en a pas. Les petits garçons de neuf ans n'existent pas. Si je n'en vois pas, c'est qu'il n'y en a pas. Alors que les petites filles de neuf ans sont partout. Dans le métro, dans le bus, dans la rue, au bord de la mer... Quand j'entends un enfant pleurer, je me sens étouffer. Je ne supporte pas. Je ne pense pas à un caprice ni à une chute de bicyclette. Je pense tout de suite au pire. Un enfant qui souffre, qui hurle parce qu'on veut l'arracher à ses parents, à sa vie, à son innocence, on veut lui faire du mal. Les images que je repousse forcent mon imagination et c'est insupportable. Je ne veux pas imaginer. Je ne veux pas voir ça.

Je ne veux pas pleurer. Je ne veux pas bâtir des scénarios, refaire l'histoire, imaginer. Je ne veux pas penser à celui qui a fait ça, je ne veux pas risquer, en déversant ma haine sur un fantasme, détourner mon énergie de la recherche. Si un jour on le retrouve, il sera alors temps de lui donner corps et d'appliquer sur lui les sentiments qu'il m'inspirera. Alors la douleur qui me ronge en secret, que je bloque à l'intérieur de moi, que je contiens, se mue en une rage qui me sert de carburant. Je suis dans le combat, c'est une manière de me protéger, ma carapace est une combinaison de survie. J'ai choisi l'efficacité au détriment de l'émotion, avec la réussite que l'on sait…

Aujourd'hui, je ne suis pas certain d'avoir fait le bon choix. En agissant ainsi, je me suis privé de l'aspect émotionnel et ma douleur est restée là. Elle n'est pas sortie, et maintenant je ne sais même plus où elle en est, énorme, près d'exploser, ou atrophiée, vallée de larmes ou désert aride. J'ai négligé les larmes. Je pensais que, à force de les ignorer, elles finiraient par se tarir.

Il n'y a qu'en avion. Je suis seul, coupé de tout et de tous, je suis dans une bulle, je ne suis plus « là ». Alors, à huit mille mètres d'altitude, au-dessus des nuages, je m'autorise enfin. Je pleure. Parce que je pense à Estelle. Parce que je revois nos vacances en Corse. Estelle qui fait le pitre. Estelle imitant Bernadette Chirac. Je la revois. Elle prenait un sac à main, elle le portait comme Bernadette et elle se promenait avec les mimiques de Bernadette, qu'elle était parvenue à capter de manière irrésistible. Elle était incroyable. Elle savait aussi très bien camper le Corse fier qui rentre dans la boulangerie pour acheter une baguette et toise l'étranger en vacances. Elle prenait l'accent corse à merveille. Elle faisait du théâtre, elle était douée, elle adorait ça. Estelle, petite fille rieuse, rigolote.

À la maison, en famille, avec les amis, les relations, ou au bureau, on parle très rarement d'Estelle. D'abord parce que personne ne sait comment s'y prendre, ensuite parce que c'est le sujet qui plombe l'ambiance d'un coup. Même parmi mes très proches, il y en a qui ne m'en ont jamais parlé. Parce qu'ils ne savent pas par quel bout l'aborder. C'est aussi, chez certains, la peur de se laisser submerger par l'émotion. J'ai remarqué aussi une différence selon les milieux. Plus les gens se situent haut sur l'échelle sociale, plus ils s'efforcent de faire comme si de rien n'était, d'être à l'aise en toutes circonstances. L'aisance, cela fait partie de leur éducation. En parler serait inconvenant. Indécent. Et puis, ce genre d'événement n'appartient pas à leur système de référence. Dans leur monde à eux, ça n'existe pas. L'horreur, quand elle survient, on la tait.

Avec mes parents, on en a parlé, bien sûr. Avant. Puis ils se sont sentis dépassés. Une telle chose ne pouvait pas arriver, n'aurait jamais dû *nous* arriver. Alors ils ont basculé dans le « c'est la faute de sa mère ». Même s'ils ne l'ont jamais dit de cette manière, ils se sont réfugiés derrière cette certitude.

Chaque année, autour du 9 janvier, de prétendus nouveaux éléments sont jetés en pâture à des médias toujours à l'affût. Une manière comme une autre de fêter l'anniversaire. Pour les politiques ou les enquêteurs, de faire un peu de communication, et pour les journalistes, de vendre du papier ou faire grimper l'audimat. Indirectement, cela permet d'évoquer la marche silencieuse de Guermantes où, chaque année, le deuxième samedi de janvier, un plus petit nombre de personnes viennent défiler avec nous. Nous étions près de deux mille en janvier 2004.

En 2004, ç'avait été la reconnaissance par Espitalier du piétinement de l'enquête. En 2005, il y a eu l'annonce de la fouille de quatre-vingt-huit entrées de carrières jamais visitées. En 2007, c'était la conférence des neuf dames. En 2008, l'histoire hallucinante des fouilles du Royal Wok, ce restaurant chinois de Seine-et-Marne où les policiers avaient retrouvé des ossements, en fait, des os de mouton. En 2009, ils ont sorti l'affaire du site pédopornographique estonien. Un internaute avait cru reconnaître Estelle. On a vite découvert que le cliché avait été pris avant sa disparition. En fait, l'histoire remontait au mois d'octobre 2008, mais on a attendu trois mois pour avoir le feu d'artifice. Chaque fois c'est pareil, on laisse mijoter le ragoût jusqu'au 9 janvier. En 2010, c'était l'appel à témoins orchestré conjointement par le ministère de l'Intérieur, la DRPJ de Versailles et une grande chaîne de télévision, et la diffusion du portrait vieilli d'Estelle. J'attends avec inquiétude ce qu'ils nous préparent pour 2011…

C'est ce que j'appelle la gesticulation médiatique. On fait des effets d'annonce, on sort des « infos » en janvier, ou en mai au moment de la Journée des enfants disparus, la presse relaie les policiers qui relaient les politiques, tout ce beau monde communique, chacun fait passer le message de son investissement affectif, chacun soigne son image. On ne manque pas une occasion de rappeler que jamais une affaire n'aura mobilisé autant de moyens matériels et humains. Lorsqu'on sonde les mares, qu'on découpe l'eau gelée à la tronçonneuse, que les hommes avancent dans la glace, que l'on fait tournoyer un hélicoptère, ça veut dire qu'on mouille sa chemise pour aller chercher Estelle. C'est très télégénique, tout ça. De même, la perquisition des six cents maisons de Guermantes, c'est du grand spectacle. Comme les coups de pelleteuse à Brie-Comte-Robert. Mais pendant que les caméras tournent, que font-ils d'autre ? Quid de leur connaissance du milieu des pédocriminels, de l'analyse des connexions Internet, de la mise en place d'un fichier de population de suspects, d'un éventuel rapprochement des services socio-éducatifs pour recenser les familles où l'on a signalé des cas de maltraitance d'enfants ?

Alors oui, bien sûr que les enquêteurs travaillent sans relâche. Bien sûr qu'ils cherchent, interrogent, analysent. À la fin de 2007, ils avaient déjà abattu un boulot colossal : 8 082 procès-verbaux rédigés, 541 perquisitions réalisées, 140 personnes placées en garde à vue dont 52 avaient fait l'objet de « recherches approfondies ».

Alors oui, bien sûr, les politiques se montrent concernés, élaborent des lois, annoncent de beaux projets. Ils ont fini par lancer Alerte Enlèvement et mettre en service le 116 000, le premier en 2006, le second en 2007. Alors que nous avions déposé notre projet, incluant ces deux propositions, au ministère de l'Intérieur dès le mois de juillet 2003.

Bien sûr.

Je me souviens de la première écoute de la chanson d'Estelle. Ce devait être vers la fin du mois de novembre. J'étais invité à l'émission de Karl Zéro. Peu avant, il avait reçu Charlélie Couture. Il me dit : « Il y a Charlélie Couture qui cherche à te joindre, il a fait une chanson, il voudrait t'en parler. Il a téléphoné à la mairie de Guermantes, mais on l'a envoyé sur les roses... » Et là je crois qu'il m'a remis un CD avec un enregistrement de la chanson. C'était une version différente de celle qui figure sur le CD officiel où il y a des bruits de cour de récréation, une version brute, sans montage sonore. De retour chez moi, je l'ai écouté, j'étais seul. Ça m'a pris aux tripes. Le jour du premier anniversaire de la disparition d'Estelle, le samedi 10 janvier 2004, à Guermantes, on a décidé avec Bruno de diffuser la chanson à la fin de la marche silencieuse. C'était très fort. Les gens pleuraient.

Charlélie était là, il avait marché avec nous. C'est quelqu'un qui s'engage, il avait vu l'affichette d'Estelle, il avait été touché et avait voulu faire quelque chose, à sa manière. Depuis, chaque année, on diffuse la chanson d'Estelle pour clore notre marche. Elle n'a pas connu un grand succès, c'est dommage. Mais bon, ce n'est pas vraiment le genre de chanson que l'on écoute dans sa voiture...

ESTELLE A DISPARU

(Refrain)
Estelle a disparu, on a tous vu cette affichette
Avec le sourire figé d'une fillette,
Jamais réapparue,
Estelle a disparu

L'alerte lancée tout de suite, les gens ont distribué
des tracts,
Envoyé des e-mails, milliers d'appels pour Estelle
Mais ça n'a rien changé,
Estelle a disparu
Je suis retombé sur un de ces appels à l'aide, scotché
Sur la vitrine d'un magasin fermé
Un petit geste anonyme photocopié
Un geste de solidarité,

Comme une goutte d'eau dans la mer de l'Espoir
Du genre : « On ne sait jamais »,
C'est vrai, on ne sait jamais.

Estelle avait neuf ans, c'était encore une enfant
Un enfant qui disparaît, ça fait peur à tous les
parents,
On s' repose encore une fois les mêmes questions
Sur la nature de l'Homme,
Et les pulsions de son âme en capharnaüm
Souffrir de ne pas savoir c' que sa gamine est
devenue,
On a mal à l'imaginer dans de sales draps,
Tantôt se rassurer, tantôt désespérer,
Se dire que putain y en a au moins un qui sait...

Je pense à tous ceux qui ont perdu un des leurs,
Je pense à ceux qui se torturent la conscience,
Embrochés par le malheur,
Je pense aux nuits d'effroi à se demander pourquoi
« Pourquoi toi, pourquoi moi,
Pourquoi ça nous arrive à nous ? »
On r'pense à c' qu'on a raté, c' qu'on aurait dû faire,
On se croit maudit comme en enfer
Quelle faute avons-nous commise pour être ainsi
puni ?

Et pourtant on veut croire qu'un jour on reverra
Ici-bas, et pas au ciel, on reverra celui ou celle

Qui un jour a disparu
Comme Estelle
Disparue dans la rue
Jamais réapparue
Elle avait neuf ans
C'était encore une enfant
Estelle a disparu
Et personne ne l'a revue..

Estelle est morte. Pour me sauver, je me suis dit ça très vite. Parce que c'est mieux comme ça. À l'époque, on était encore tous traumatisés par l'affaire Dutroux. Les enfants enlevées et séquestrées par Dutroux et ses complices l'avaient été plusieurs semaines. Plusieurs semaines durant lesquelles elles avaient subi viols et tortures à répétition, agonisant au fond d'une cave. J'ai pensé à ma petite fille qui a peur du noir. Alors je me suis dit qu'il valait mieux qu'Estelle ait été assassinée rapidement plutôt que d'avoir eu le parcours de Julie et Mélissa. Souhaiter l'irréversible pour pouvoir se dire que, comme ça, le pire n'avait pu se produire.

Je ne veux pas qu'on me parle de l'affaire Kampusch. Je ne veux rien savoir non plus de cette Américaine réapparue des années après son enlèvement. Ces histoires de réapparitions miraculeuses ne peuvent rien m'apporter sinon m'empoisonner parce que, alors, je vais rentrer dans un schéma de construction de scénarios et que je me suis juré de ne jamais me laisser emporter par mon imagination. Je ne veux pas penser à ce qui pourrait être. Je veux m'en tenir à ce que je sais. Et pour l'instant, ce que je sais, c'est qu'on ne sait rien et qu'on est toujours comme au premier jour, même si cinq cents kilos de papier se sont entassés depuis dans le bureau d'un juge.

Rage des premiers instants, quand on est confronté à une situation atroce.

Rage face au sentiment d'inefficacité collective, amplifiée par l'horreur qui me glace quand, ne parvenant plus à repousser les images, j'imagine ce qu'Estelle a subi, ou, pire, subit.

Rage de ne pas la retrouver vivante avant qu'il soit trop tard.

Rage et incompréhension. Pourquoi elle, pourquoi nous, pourquoi moi. Mais déjà, penser à nous, à moi, paraît absurde. Ce n'est pas moi qui souffre, c'est elle.

Rage et prise de conscience ; celle, lente et douloureuse, du nombre d'enfants victimes. Alors ma petite perception égocentrique s'atténue quand, à travers mon combat, Estelle devient peu à peu l'incarnation de l'enfance faite proie.

Rage et amertume face à une enquête qui s'émousse, des pouvoirs publics à l'attitude dilatoire.

Colère devant les tourments endurés par les familles, privées d'une instruction efficace de leur dossier et trop facilement renvoyées à leur culpabilité.

Effroi, enfin, à la lecture des parcours de certains criminels.

Et aujourd'hui, lancinant, ce doute qui me tourmente : en diluant mon énergie dans le monde des disparitions de toute nature, en multipliant les motifs de colère, ne suis-je pas en train de détourner, pour mieux la supporter, ma colère intime de son seul objet, l'enlèvement d'Estelle ?

Quatre ans après, les seuls qui semblaient encore avoir un espoir de retrouver Estelle vivante, c'étaient les gens de la Civi, la Commission d'indemnisation des victimes d'infractions. Le 9 mars 2007, je recevais un courrier m'informant du rejet de la demande d'indemnisation formulée par mes avocats, au motif qu'il n'était pas certain qu'on ne puisse pas retrouver Estelle. « Les éléments recueillis à ce stade de l'information ne permettent pas pour autant de présumer avec certitude d'une issue fatale. » Fait nouveau, ils s'appuyaient désormais sur le fait qu'« une actualité a démontré que, nonobstant le temps écoulé, les enfants victimes pouvaient être retrouvés vivants »... J'avais appelé ça « l'arrêté Kampusch ».

Des années après, ces gens contestaient le fait qu'Estelle ait été enlevée, arguant que le lien avec un éventuel enlèvement n'avait toujours pas été prouvé. On leur a sorti le dossier de procédure qui montre bien que tous les efforts sont engagés pour retrouver un criminel. Ils nous ont tenu des raisonnements invraisemblables.

Nous avons fait appel. Deux ans après, en mai 2009, ils ont finalement consenti à l'indemnisation. L'argent est allé à l'association.

Souvent, dans les moments de découragement, je m'interroge. Ai-je fait les bons choix ? Ai-je eu raison de tout miser sur le travail de la police et des institutions judiciaires ? J'ai toujours refusé de faire appel au privé, n'était-ce pas une erreur ? À présent que les jours des juges d'instruction semblent comptés, comment imaginer que les magistrats puissent se donner à fond dans les dossiers qu'on leur a confiés ?

Pour la quatrième fois, nous avons une nouvelle juge, Aïda. Nous l'avons rencontrée le 8 mars dernier. Elle est donc la quatrième juge à intervenir sur le dossier. C'est la première fois que nous la voyons dans son bureau. Elle est assise là, avec, en face d'elle, une montagne de chemises contenant toutes les pièces de procédure du dossier d'Estelle. Le tout, empilé, fait deux mètres de large sur deux mètres cinquante de haut. On voit qu'il y a des cotes qui n'ont jamais été ouvertes parce que toutes les photocopies sont parfaitement rangées au cordeau. Peut-être a-t-elle une note de synthèse rédigée par ses prédécesseurs, on peut l'espérer, ou alors faite par les services d'enquête, qui lui disent en substance : voilà où on en est aujourd'hui, voilà quels étaient les grands axes et voilà ce qu'on a fait. Mais, visiblement, elle ne connaît pas le dossier.

À mesure que se déroule la réunion et que j'écoute l'avocat s'entretenir des nouvelles actions à entreprendre, qu'ils envisagent de faire circuler l'ADN d'Estelle auprès de toutes les polices européennes pour que, en cas de découverte d'un corps non identifié, on puisse procéder à des comparaisons, je m'interroge. Premièrement, comment un juge d'instruction peut-il rester motivé face à une telle montagne de paperasse dans laquelle il n'arrivera jamais à rentrer ? Deuxièmement, la mort du juge d'instruction étant annoncée et programmée, Aïda sait que sa fonction est appelée à disparaître ; comment peut-elle dans ces conditions s'investir dans un tel dossier ? Allons-nous devenir les victimes collatérales de la suppression du juge d'instruction ? Serons-nous les prochaines victimes de la réforme de la justice dans ce pays ?

Je rêve souvent d'Estelle. Elle est avec moi, je la tiens par la main. Elle est là. C'est très fort. Je me réveille dans un état second. Je sens encore la chaleur de sa main dans la mienne. Je suis dans mon lit et je serre encore sa main. Dominique dort à mon côté. Je ne sais plus où j'en suis. Je ne sais plus où je suis. Je ne veux pas reprendre conscience. Je ne veux pas me réveiller. J'appelle Estelle en silence dans la nuit.

Depuis huit ans, je vis dans le flou. Je ne sais pas où je vais, et plus j'avance, plus le temps passe, plus la ligne d'horizon s'éloigne. L'avenir est un brouillard. Si certaines pistes se sont révélées des impasses, d'autres semblent s'être perdues. Je m'épuise sur une route chaotique, aux tournants imprévisibles, une route qui semble ne mener nulle part et dont je ne vois pas le bout. Au début, pourtant, elle me semblait courte, une voie rapide au tracé net et rectiligne. Je me disais : « Dans quinze jours, ils auront trouvé. Dans quinze jours, on saura. » Huit ans plus tard, on ne sait rien. On croit franchir des étapes, des caps, on croit approcher du but, mais il ne fait que s'éloigner un peu plus. Il n'y a pas de vraie progression.

Quand on lit la procédure, on trouve un tas de personnes interrogées, on ne sait jamais pourquoi elles sont là, enfin *je* ne sais pas pourquoi elles sont là, il y a certainement une explication. J'essaie de me concentrer sur des procès-verbaux apparemment sans intérêt, tout un bla-bla juridique qui m'ennuie, « Sur réquisition du juge d'instruction […] je, C., officier de police judiciaire […] auditionne monsieur M., né le tant, habitant à F… » Bon. « Je suis bien le propriétaire de la Clio grise immatriculée […] qui a une rayure sur l'aile avant gauche et je démontre que le jeudi 9 janvier j'étais au bar des Amoureux de la pétanque à Plougastel. » En gros, tout est dans ce registre-là. Pourquoi on est allé interroger ce type à l'autre bout de la France, qu'a-t-il à voir avec mon affaire, pourquoi est-il là, et pourquoi, finalement, il est écarté, je n'en sais rien. Rien n'est dit.

C'est un peu tout cela que j'appelle « le flou ». Je suis toujours dans le doute, je ne comprends rien à leurs investigations, je ne sais jamais, quand les enquêteurs veulent me rencontrer, si c'est pour m'annoncer du nouveau, pour faire avancer l'enquête ou pour chercher autre chose, quelque chose qui a à voir avec moi, je ne sais pas quoi.

Au mois de décembre 2009, tout à coup, Estelle a grandi. Estelle est devenue une jeune fille au regard clair. Elle a attaché ses cheveux longs. Ils sont un peu plus raides qu'avant. Son visage s'est affiné. Alors, même si on sait qu'elle est morte, même si on a fini par accepter ce qui ne peut qu'être la réalité, le temps d'une nanoseconde, on vacille. Tout ce dont on avait mis des années à se convaincre devient flou. Et on se dit que, peut-être...

Brusquement, on se replace dans une situation qui est le contraire de celle que l'on s'est forcé à accepter. Je ne suis pas pour qu'on mette des psys partout, mais là, dans une situation aussi violente, n'y aurait-il pas quelques précautions élémentaires à prendre ? Il ne s'agit pas de vieillir une photo de votre animal domestique... Quelqu'un qui vous dise, attention, c'est un document de travail, un « vieillissement » artificiel, une simulation ; ce n'est

161

pas la réalité, ce n'est pas le temps qui a passé sur un visage, ce n'est pas une petite fille qui a grandi, c'est juste un ordinateur qui a travaillé, un logiciel qui est passé sur une photo. Mettre en avant la technique pour ne pas laisser venir l'affectif. Encore une fois, ce n'est pas le rôle des policiers, ni celui du juge, ils ne sont pas là pour jouer les baby-sitters, mais tout de même, il manque peut-être quelqu'un là-dedans. Au lieu de quoi, la photo apparaît d'un clic de souris au détour d'un mail.

La « photo vieillie », c'est la négation de toute une construction qui s'est mise en place. À partir du moment où les policiers vous expliquent qu'après un enlèvement la durée de vie n'est que de quelques heures, vous vous dites : « Estelle est morte. » Et vous apprenez à vivre avec cette idée. C'est long, c'est difficile, mais vous avez fini par l'accepter. Il le faut, sinon il n'y a pas de deuil possible. C'est une question de survie. Plus de sept ans après, c'est comme si on venait vous dire que peut-être elle n'est pas morte. Et que, si elle n'est pas morte, elle pourrait ressembler à ça. Et on se retrouve tout seul avec ça. On risque de partir dans tous les sens. C'est d'une violence inouïe.

Une photo vieillie, c'est entretenir une idée improbable qui vous fait basculer dans l'irréalité. Je me suis toujours interdit de bâtir des scénarios parce que cela n'apportait rien, si ce n'est de mettre des images horribles sur ce qui était déjà horrible. Parce que fabriquer des images, c'est en quelque sorte s'associer à ce qui s'est passé. C'est s'enliser dans une construction abstraite alors qu'il y a une réalité sordide. Plus les années passent et plus la probabilité de retrouver Estelle vivante diminue. C'est cela, la réalité. Les médias ont exploité les affaires Kampusch et de la jeune Américaine parce que c'est sensationnel. Mais ce n'est pas la réalité. La réalité, c'est que la durée de vie d'un enfant enlevé est de quelques heures.

Nous avons tout de même mis la photo sur le site, avec le dernier appel à témoins. J'évite de la regarder. Cette simulation renvoie à ce en quoi je ne crois plus. Pour moi, Estelle vivante, c'est le dernier regard échangé le dimanche matin derrière les vitres de la voiture de sa mère qui ramène les enfants à Guermantes. Ce n'est pas autre chose, et cela ne peut pas être autre chose. Je ne pense pas que l'on puisse tricher avec le temps et attribuer à une représentation fabriquée une réalité de vie. Je dirais même que la représentation vieillie de quelqu'un de mort a un côté obscène, on fait comme s'il ne s'était rien passé. Donc, comme à mon habitude, j'ai fait dans le pratique, l'efficace, l'opérationnel. J'ai continué de nier l'aspect émotion. Passé les premières secondes de chamboulement, j'ai mis sous le boisseau tout ce qui menaçait de remonter.

Et, dès que ça affluait, je trouvais vite un artifice pour ne pas le voir, ne pas en tenir compte. Je regardais la photo en disant : elle est de mauvaise qualité, le fond est moche, etc.

Cette photo « vieillie » a une histoire singulière. La version produite par les services de la police française était si peu convaincante que la juge d'instruction a donné son accord pour que ce soit le portrait établi à ma demande par le service spécial du NCMEC qui soit retenu. C'est si simple, finalement, que ce soit le père qui s'occupe d'obtenir cet élément de travail.

De manière plus générale, je ne suis pas convaincu de l'utilité de ces photos. Dans le cas d'un jeune qui a fugué, peut-être. Pas dans le cas d'un enlèvement. J'ai longtemps été opposé à leur diffusion. Je n'étais pas du tout d'accord avec l'APEV[1], par exemple, qui mettait des photos vieillies sur ses avis de recherche. Je trouve que c'est laisser croire aux familles que la situation n'est pas irréversible. C'est redonner vie à des gens qui sont morts. Et cela, ce n'est pas possible.

---

1. APEV : Aide aux parents d'enfants victimes.

Une fois que c'est trop tard, c'est trop tard. Le regret me ronge. Le regret de n'avoir pas passé plus de temps avec Estelle, de ne pas avoir été plus à l'écoute de ses petites histoires, de ne pas avoir joué plus souvent avec elle. Avec Arthur et Lucie, j'ai essayé de changer, d'être plus présent, plus attentif. Mais eux aussi ont changé. Ce ne sont plus des petits, la relation entre eux et moi ne peut plus être celle d'un père avec de jeunes enfants. Mais j'essaie d'avoir avec eux des rapports plus « amoureux », des relations plus affectueuses au lieu des relations d'« éducation » qui dominaient auparavant. Estelle, c'était un peu différent. Elle était la petite dernière, elle me menait par le bout du nez. Je me suis beaucoup occupé d'elle au moment où ça n'allait plus avec sa mère, c'était moi qui l'emmenais chez l'orthophoniste qui était aussi psy pour enfants. Elle l'a aidée à se préparer

165

à notre séparation. Quand je l'ai un peu perdue une première fois, que je suis parti m'installer avec Arthur, j'avais déjà commencé à changer. Ça n'avait pas été facile de laisser Estelle derrière moi. Alors quand elle venait passer le week-end à la maison, le but était de faire la fête. On se remettait à cuisiner ensemble, on allait faire les courses tous les deux, on préparait les repas, on jouait. J'essayais de la faire un peu travailler, puis on allait au cinéma, au restaurant, manger des cochonneries qu'elle adorait. Je voulais lui montrer que la Terre ne s'arrêtait pas de tourner, au contraire. Mais avant, jusqu'à ses sept ans, je n'en avais pas assez profité. Et l'on ne peut pas rembobiner le film. Quand la vie est passée, on doit se contenter des ralentis et de quelques arrêts sur image.

Aujourd'hui, je ne peux m'empêcher de refaire l'histoire. Et si l'on n'avait pas perdu autant de temps ? Si, tout de suite, on avait suivi mon intuition, si dès le départ on avait lancé la procédure d'enlèvement ? Si, dès le départ, on avait éliminé l'hypothèse de la fugue et celle de l'accident ? Si dès le premier jour on avait perquisitionné à Guermantes et à Conches ? Si la petite camarade d'Estelle avait parlé dès la première perquisition ? Et si l'on avait exploré toutes les pistes laissées de côté, si certains points de l'enquête n'avaient pas été bâclés, certains dossiers hâtivement clos, si certaines personnes avaient été entendues plus tôt ? Si on avait mené une enquête fouillée sur les pèlerins polonais participant aux journées de Taizé, hébergés par mon ex-épouse peu avant la disparition d'Estelle ? Si la police polonaise, chargée d'enquêter sur ces hommes, au lieu de n'en interroger qu'un seul, et de façon très légère, avait entendu les deux pèlerins ? Si on avait fait les recoupements qui s'imposaient avec l'affaire de la disparition de Florence Bloise qui, elle aussi, avait hébergé des Polonais de la communauté de Taizé ? Et quid de ce témoignage, recueilli par les policiers belges et à ce jour toujours inexploité, du père d'une fillette qui avait reconnu son kidnappeur dans le portrait-robot ? Et si on était allé voir d'un peu plus près ce qui s'était passé en 1987, lorsque quatre petites filles de sept à dix ans avaient été enlevées puis tuées à quelques kilomètres de Guermantes ?

Il y a eu des manquements, des oublis, des dysfonctionnements. Il y a les lenteurs d'une justice malade. Les lourdeurs administratives. Il y a aussi les dossiers « non traités », les questions demeurées sans réponse, parce que ça n'était « pas à l'ordre du jour, conformément à vos instructions ». À une autre question, « Disposez-vous d'informations qui vous auraient été données par … », il est à nouveau répondu « Non traité, selon vos instructions ». Réponses des policiers au juge, consignées dans la procédure. Pas de chance, je suis tombé dessus.

Et moi ? Qu'ai-je fait de toutes ces années ? Ai-je engagé les bonnes actions ? En ai-je fait trop ? Pas assez ? Il m'arrive de me dire : ce n'était pas comme ça qu'il fallait faire. Mais comment ? Ai-je été trop gentil avec les policiers, avec tout le monde ? Ai-je suffisamment harcelé les juges ? Je me demande si je n'ai pas eu tort de m'engager dans ce combat qui n'a pas abouti. Si l'énergie mobilisée pendant toutes ces années n'aurait pas dû l'être dans la reconquête de la vie heureuse. L'enlèvement d'Estelle m'avait donné une tribune. Alors je m'étais mis en tête non seulement de me battre pour connaître la vérité, mais aussi pour améliorer le fonctionnement des pouvoirs publics. Je me suis pris pour Superman. J'ai voulu être partout, tout le temps, sur tous les fronts à la fois. J'ai nié la réalité en me surinvestissant dans l'action avec une agitation frénétique, tous azimuts, à vouloir remuer la planète entière, l'agitation nourrissant l'agitation. Et aujourd'hui je me dis : tout ça pour quoi ? Si on avait avancé, si on avait trouvé, si je pouvais me dire que les efforts ont payé, ont permis de retrouver Estelle ou celui qui l'a tuée, je pourrais au moins considérer que tout ça avait du sens, que tout cela a servi à quelque chose. Mais là ?

Avec l'association, on a organisé ou participé à un tas de colloques. On a organisé des conférences de presse, à Guermantes, à Paris, à la mairie du XIᵉ, à l'Hôtel de Ville... On a rassemblé du monde, on s'est exprimés devant les caméras, les micros tendus. J'ai lancé mes appels à témoins, aux femmes et compagnes de criminels, au ravisseur, dont certains, actualité prioritaire oblige, n'ont jamais été diffusés. J'ai participé à des battues, le jour, la nuit. Sur la foi de témoignages, je me suis baladé aux quatre coins de la France. Je suis allé à la rencontre d'une prostituée qui voulait m'aider, ai suivi un cinglé à Champigny, un voyant dans un chantier à l'abandon, j'ai fait toutes les émissions possibles et imaginables, répondu à des centaines de mails, de courriers, de coups de fil. Grâce au soutien de la Fédération française de rugby, on est allés distribuer, au Stade de France, pendant un match France-Pays de Galles, 80 000 tracts d'avis de recherche, en français et en anglais. Je me suis démené, en vain, pour mener une opération similaire avec la Fédération française de foot, et aussi avec la Fédération française de randonnée pédestre, qui ne nous a jamais rappelés. On est allés diffuser des avis de recherche au semi-marathon de Versailles, on a déroulé une banderole à l'arrivée du marathon de Paris, on a fait des brocantes et des lâchers de ballons… Je suis allé deux fois aux États-Unis, puis en Belgique, pour apporter aux ministres des propositions concrètes inspirées de ce que j'avais vu là-bas. Je suis allé rencontrer le père de Marion, celui de Mélissa. On a mis en place la Journée des enfants disparus du 25 mai. On a participé à Bruxelles à un colloque qui regroupait des associations italiennes, belges, françaises, dans le but de créer une espèce de fédération informelle d'associations qui n'a jamais vu le jour. On a passé des années sur un projet de campagne de prévention à destination des enfants, on a tellement voulu bien faire qu'on n'est jamais parvenus à le finaliser. On a connu quelques réussites, Alerte Enlèvement et le 116 000, c'est un peu grâce à nous. On a surtout connu beaucoup d'échecs, de désillusions. Dans les moments de gros découragement, je me dis que, au moins, nous pouvons essayer de tirer profit de notre expérience négative pour qu'elle serve à d'autres. C'est cela, aussi, qui donne du sens à notre combat. Qui fait que tout n'a pas été vain.

Plus ça va, plus je crois qu'on ne saura jamais. Sauf miracle, il faudra toujours vivre avec cet « on ne saura jamais », aussi fermé que son équivalent présent, « on ne sait jamais », reste ouvert. On ne saura jamais. Voilà. Aujourd'hui, je n'ai pas encore trouvé le mode d'emploi pour faire avec ça. Je pense qu'il faut que je le trouve tout seul. Car si, effectivement, l'action et l'agitation frénétique m'ont permis de ne pas avoir à me poser la question, celle-ci va se poser quand il ne va plus y avoir d'action. Et ce temps, celui de plus d'action, il va bientôt arriver. Pourtant, je ne pense pas que ce soit cela, la raison pour laquelle je continue. Je continue poussé par un sentiment de révolte face à une situation d'échec. Quand j'arrêterai, cela voudra dire que j'aurai accepté l'échec.

Là, maintenant, je ne vois pas ce qu'on peut faire de plus. Mais je veux croire que nous finirons par avoir en France un centre efficace dédié aux disparitions d'enfants, avec des professionnels qui pourront assister les parents pendant les grandes étapes de ce parcours difficile. Le jour où cette structure sera enfin créée, le jour où plus jamais une famille n'aura à coller sur un Abribus l'avis de recherche de son enfant, alors nous pourrons crier victoire.

Depuis huit ans, je m'aperçois qu'il y a toujours de la neige à Paris au mois de janvier. Avant je n'avais jamais fait attention à ça. Quand j'étais petit, j'habitais dans un pays sans neige. Pour moi, la neige n'a jamais été associée à la magie de l'enfance. Mon enfance, c'étaient le soleil, la chaleur et le bleu de la mer. Je n'aime pas la neige. À Paris, quand tombent les premiers flocons, je sais ce que ça veut dire. Que ce sera bientôt le 9 janvier. Que ce sera bientôt la disparition d'Estelle. Chaque fois, c'est comme si on rembobinait la bande de magnétoscope à toute vitesse. Je suis ramené d'un coup au 9 janvier 2003.

Le 9 janvier prochain, cela fera exactement huit ans qu'Estelle a disparu. Depuis le début de l'enquête, aucune piste n'a abouti. Il nous manque encore la numérisation des deux dernières années de procédure, 2008 et 2009. Mes avocats sont allés les consulter au greffe de Meaux, il n'y aurait pas grand-chose.

Depuis bientôt huit ans, j'attends.

Au début, j'attendais l'appel. « On a retrouvé Estelle, elle est vivante » ; puis « On a retrouvé un corps », « On a retrouvé son sac d'école, sa poupée Barbie, sa trousse en jean, son béret violet, un gant... » « On a arrêté un homme » – c'est arrivé plusieurs fois, chaque fois ils ont dû le relâcher, ce n'était pas le bon. Alors je continuais d'attendre. Un témoignage, une lettre, un mail. Un jour, peut-être, quelqu'un parlerait. Un jour, peut-être, celui qui a enlevé Estelle, ou un complice, un parent, une compagne prise de remords...

Aujourd'hui, je ne sais plus vraiment ce que j'attends.

Aujourd'hui, il n'y a toujours rien.

La vie joyeuse, Philippe Val, on s'aperçoit que, tout de même, ça n'a pas vraiment marché... Spinoza, au quotidien, ce n'est pas facile. Mais c'est peut-être là le véritable exercice de philosophie.

Demain, il neigera encore sur Guermantes.

À titre personnel, je suis fier de n'avoir jamais renié mes convictions sur la peine de mort dont je reste un farouche opposant.

APPEL AU RAVISSEUR

Je m'adresse au ravisseur d'Estelle.

Pourquoi aujourd'hui ?

Parce que cela fait sept ans que nous cherchons à savoir ce qui est arrivé à Estelle.

Depuis son enlèvement, deux de ses grands-parents sont morts en se demandant ce qui était arrivé à leur petite-fille.

Bientôt, Estelle aura passé plus de temps disparue que vivante.

Alors, qui que vous soyez, et quels que soient les actes que vous avez commis, il y a quelque part en vous une part d'humanité.

Dans toutes les civilisations, et depuis toujours, les morts reçoivent une sépulture. Estelle en est privée, et nous, ses parents, sa sœur et son frère, ses amis, nous ne savons pas où est le corps de notre enfant, de notre sœur, de notre amie.

177

Ce que je vous demande, c'est de nous donner, par le moyen que vous choisirez, lettre anonyme, mail, appel téléphonique, l'endroit où nous pouvons trouver Estelle.

Éric Mouzin,
19 janvier 2010

Site de l'association Estelle :

http://www.association-estelle.org/accueil.htm

Site du NCMEC :

http://www.missingkids.com

Pour l'éditeur, le principe est d'utiliser des papiers composés de fibres naturelles, renouvelables, recyclables et fabriquées à partir de bois issus de forêts qui adoptent un système d'aménagement durable.
En outre, l'éditeur attend de ses fournisseurs de papier qu'ils s'inscrivent dans une démarche de certification environnementale reconnue.

Cet ouvrage a été composé
par MCP-Jouve à Orléans
et achevé d'imprimer en France
par CPI Bussière
à Saint-Amand-Montrond (Cher)
pour le compte des Éditions Stock
31, rue de Fleurus, 75006 Paris
en décembre 2010

Imprimé en France

Dépôt légal : janvier 2011
N° d'édition : 01 – N° d'impression : 102904/4
54-07-6348/4